ワンステップ韓国語

―文字からはじめて中級をめざすあなたへ―

河 正一

朝日出版社

『ワンステップ韓国語』 デジタル教材はこちらから

大阪公立大学韓国語WEB教室（音声・単語学習セット・WEB学習動画）
https: //text.asahipress.com/text-web/korean/onestepbun/index.html

■ 韓国語 WEB 学習動画とは？

上記のURLからカンタンにご利用可能です！

2020年度から始まった新型コロナウイルス感染症対策としてのオンライン授業は、従来の授業の在り方を揺るがすきっかけになったと言っても過言ではありません。しかし、これまで当たり前とされてきた対面授業が、オンライン授業への変更を余儀無くされたとはいえ、今後もICTを活用した授業が求められるということは間違いないと思います。そこで、学習者の自主・自立学習や教員の研修にも有用な「韓国語WEB学習サイト」を構築することになりました。

韓国語WEB教室を活用することで、以下の効果が期待されます。

1. 総合学習支援として文字編・文法編などを提供するため、入門レベルから応用まで活用できます。
2. オンデマンド式の学習映像のため、学習者自身のペースで学習でき、さらに、予習や復習にも活用できます。
3. Quizletや練習問題の映像を取り入れるため、学習者の主体的な学習を促し、モチベーションや学習効果の向上が期待されます。
4. 学習者の自主・自立学習はもとより、ハイブリッドとしても授業中に活用できます。
5. 段階的かつ体系的な学習ができるため、学習者の中間言語としての誤用の解決の糸口となります。
6. 教員の研修としても活用できるため、教育の質を高めることが期待されます。
7. 学習者自らが問題点や間違いに気づき、それらを認識し修正していくことになるため、自主・自立学習を促すことができます。

皆さんの韓国・朝鮮語学習にお役に立てれば幸いです。

装丁・イラスト：申　智英

はじめに

多くの初級のテキストでは，初級レベル（ハングル能力検定試験5級・4級もしくは韓国語能力試験初級TOPIKⅠ）が初級Ⅰ・Ⅱもしくは初級・中級に分けられています。ハングル能力検定試験4級の合格ラインでは，基礎的な韓国・朝鮮語を理解し，それらを用いて表現できる（比較的使用頻度の高い約1，070語の単語や文型）ことを目標としています。ハングル能力検定試験4級とTOPIKⅠの試験の出題基準を鑑みると，初級レベルの文法項目として「連体形」並びに「해요体（変則用言を含め）」までが含まれています。

しかし，上記の項目を1冊でまとめたテキストはあまり見当たりません（勿論，学習者の負担やモチベーションなどを考慮してあえて2冊にするという考え方もあると思いますが）。そこで，本書は，中級に移る土台として，可能な限り，初級レベルの語彙や表現，文法項目などを網羅し，活用できるように作りました。

本書は，【文字編全5課】と【文法編全20課】に分けられ，【文法編】の各課は，「本文」「単語と表現」「文法」「総合練習」から構成され，週1コマの授業（90分）を60回行うことを想定しております。つまり，週2コマの授業では，1年間で，そして週1コマの授業では，2年間で終了することができます。

その上，以下の点に重点を置いてあります。

1.様々な場面や対人関係における多様なコミュニケーションが理解できることを目指し，本文には2種類の会話を盛り込んでいます。

2.ハングル能力検定試験の合格トウミを参考し，学習の目安として，全ての語彙レベルを提示しています。

3.総合練習では，「말하기話す」「듣기1聞く1」「듣기2聞く2」の練習問題を取り入れ，会話力を高めると共に，「쓰기書く」や「읽기読む」を設け，4技能を強化しています。

4.「コラム」を通じて異文化理解を促しています。

5.自主・自立学習を助けるために，「WEB学習動画」を取り入れています。

なお，練習問題は，学習した内容を繰り返して積み重ねていくという方法を取り入れて作成しております。皆さんの韓国語学習にお役に立てれば幸いです。

著者　河　正一

目次

本書の使い方

二次元バーコードを読み取ると、WEB学習動画をみることができます。予習・復習に。

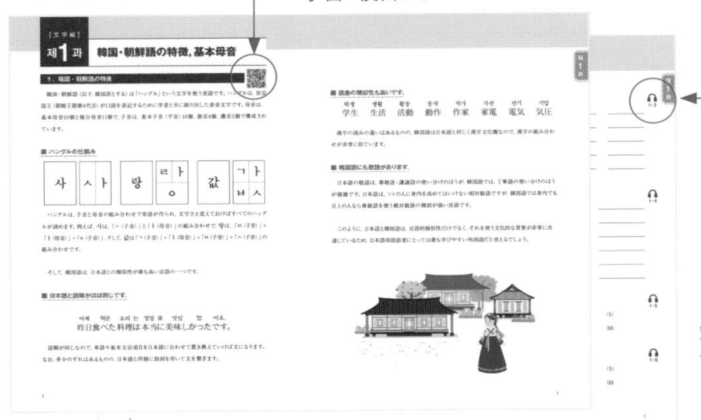

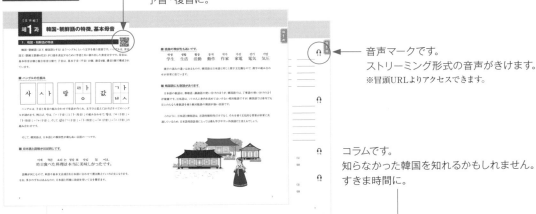

音声マークです。ストリーミング形式の音声がきけます。
※冒頭URLよりアクセスできます。

コラムです。知らなかった韓国を知れるかもしれません。すきま時間に。

꿀팁では、学習において知っておくと便利なTipを紹介しています。

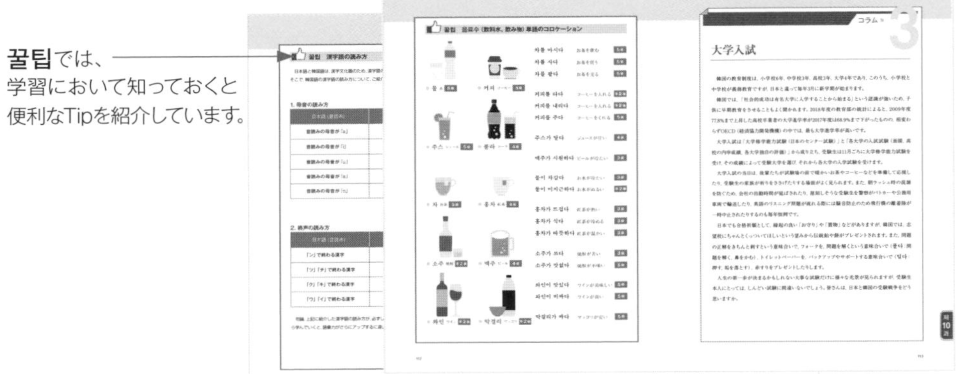

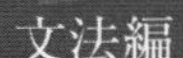

WEB学習動画をみることができます。

二次元バーコードを読み取ると、単語学習セットにアクセスできます。さまざまなゲームをこなしながら単語を覚えられます。
※次ページの「문법 文法」にも二次元バーコードがあり、各練習問題に対応した単語学習セットが用意されています。

音声マークです。ストリーミング形式の音声がきけます。
※冒頭URLよりアクセスできます。
※本文会話文は、「ふつう→ゆっくり」スピードの音声が用意されています。

【文法編】 제1과 挨拶をする

저는 김고은이라고 합니다.

고은: 안녕하세요. 처음 뵙겠습니다.
저는 김고은이라고 합니다.

유타: 안녕하세요. 저는 야마다 유타입니다.
만나서 반갑습니다.
김고은 씨는 대학생입니까?

고은: 네, 대학생입니다. 잘 부탁합니다.

유타: 저도 대학생입니다. 잘 부탁합니다.

様々な場面や対人関係におけるコミュニケーションが理解できるよう、2種類の会話が入っています。

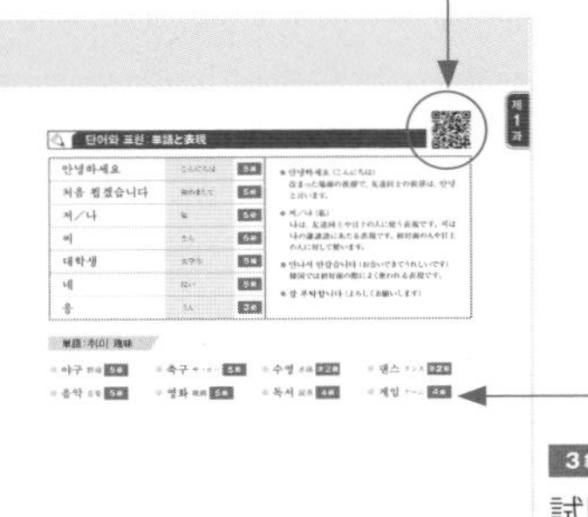

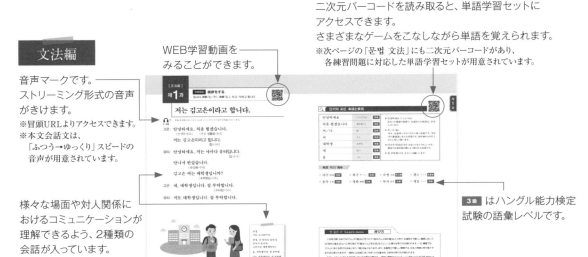

3級 はハングル能力検定試験の語彙レベルです。

文字編

まずは文字から！

一緒に頑張りましょう。

【文字編】

제 1 과 韓国・朝鮮語の特徴, 基本母音

1. 韓国・朝鮮語の特徴

韓国・朝鮮語（以下, 韓国語とする）は「ハングル」という文字を使う言語です。ハングルは, 世宗国王（朝鮮王朝第4代目）が口語を表記するために学者と共に創り出した表音文字です。母音は, 基本母音10個と複合母音11個で, 子音は, 基本子音（平音）10個, 激音4個, 濃音5個で構成されています。

■ ハングルの仕組み

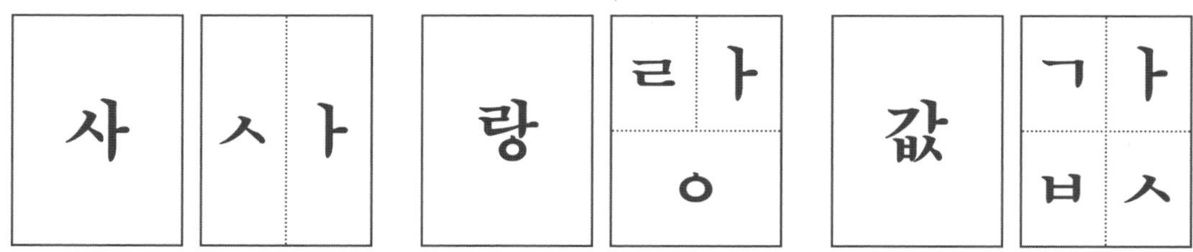

ハングルは, 子音と母音の組み合わせで単語が作られ, 文字さえ覚えておけばすべてのハングルが読めます。例えば, 사は, 「ㅅ（子音）」と「ㅏ（母音）」の組み合わせで, 랑は, 「ㄹ（子音）」+「ㅏ（母音）」+「ㅇ（子音）」, そして, 값は「ㄱ（子音）」+「ㅏ（母音）」+「ㅂ（子音）」+「ㅅ（子音）」の組み合わせです。

そして, 韓国語は, 日本語との類似性が最も高い言語の一つです。

■ 日本語と語順がほぼ同じです。

어제　먹은　요리 는 정말 로　맛있　었　어요.
昨日食べた料理は本当に美味しかったです。

語順が同じなので, 単語や基本文法項目を日本語に合わせて置き換えていけば文になります。なお, 多少のずれはあるものの, 日本語と同様に助詞を用いて文を繋ぎます。

■ 語彙の類似性も高いです。

학생	생활	활동	동작	작가	가전	전기	기압
学生	生活	活動	動作	作家	家電	電気	気圧

漢字の読みの違いはあるものの，韓国語は日本語と同じく漢字文化圏なので，漢字の組み合わせが非常に似ています。

■ 韓国語にも敬語があります。

日本語の敬語は，尊敬語・謙譲語の使い分けのほうが，韓国語では，丁寧語の使い分けのほうが複雑です。日本語は，ソトの人に身内を高めてはいけない相対敬語ですが，韓国語では身内でも目上の人なら尊敬語を使う絶対敬語の側面が強い言語です。

このように，日本語と韓国語は，言語的類似性だけでなく，それを使う文化的な背景が非常に共通しているため，日本語母語話者にとっては最も学びやすい外国語だと言えるでしょう。

2. 基本母音

韓国語には10個の基本母音があります。この課では，基本母音を学びます。文字を書くときには無音の子音ㅇをつけて書きます。

1-2

基本子音		書き順	発音のコツ
ㅏ	[a]	①ㅏ②	［ア］とほぼ同じく発音します。
ㅑ	[ja]	①ㅑ②③	［ヤ］とほぼ同じく発音します。
ㅓ	[ɔ]	①ㅓ②	口を縦に大きく開けて「オ」と発音します。
ㅕ	[jɔ]	①②ㅕ③	口を大きく開けて「ヨ」と発音します。
ㅗ	[o]	①②ㅗ	［オ］とほぼ同じく発音します。
ㅛ	[jo]	①②③ㅛ	口を丸めて［ヨ］と発音します。
ㅜ	[u]	①ㅜ②	口を突き出して［ウ］と発音します。
ㅠ	[ju]	①②ㅠ③	口を突き出して［ユ］と発音します。
ㅡ	[ɯ]	①ㅡ	口を横に引いて［ウ］と発音します。口を平らにして発音します。
ㅣ	[i]	ㅣ①	［イ］とほぼ同じく発音します。

연습 1 発音しながら書いてみましょう。

아	야	어	여	오	요	우	유	으	이

연습 2 発音しながら書いてみましょう。

1-3

(1) 어／오

(2) 여／요

(3) 우／유

(4) 으／이

(5) 아／야

연습 3 発音しながら書いてみましょう。

1-4

(1) 아이 (子供)

(2) 오이 (キュウリ)

(3) 우유 (牛乳)

(4) 여우 (キツネ)

(5) 이유 (理由)

(6) 여유 (余裕)

듣기 1 音声を聞いて発音している文字を書きましょう。

1-5

(1) (2) (3) (4) (5)

(6) (7) (8) (9) (10)

듣기 2 音声を聞いて発音している文字を書きましょう。

1-6

(1) (2) (3) (4) (5)

(6) (7) (8) (9) (10)

【文字編】

제 2 과　基本子音（平音），激音，濃音

1. 基本子音（平音）

子音には基本子音（平音）と激音，そして濃音があります。この課では基本子音を学びます。文字の隣のハングルはそれぞれの文字の呼び方です。例えば，ㄱ [k／g] は기역と呼びます。

1-7

ㄱ [k/g] 기역	ㄱ	語頭ではカ行とガ行の中間ぐらいの音に近い発音ですが，語中ではガ行の発音となります。
ㄴ [n] 니은	ㄴ	ナ行の子音に近い発音です。
ㄷ [t/d] 디귿	ㄷ	語頭ではタ行とダ行の中間ぐらいの音に近い発音ですが，語中ではダ行の発音となります。
ㄹ [r/l] 리을	ㄹ	ラ行の子音に近い発音です。
ㅁ [m] 미음	ㅁ	マ行の子音に近い発音です。
ㅂ [p/b] 비읍	ㅂ	語頭ではパ行とバ行の中間ぐらいの音に近い発音ですが，語中ではバ行の発音となります。
ㅅ [s/ʃ] 시옷	ㅅ	サ行の子音に近い発音です。
ㅇ [無音/ŋ] 이응	ㅇ	語頭では無音ですが，語の最後では「ン」の発音となります。
ㅈ [ʧ/dʒ] 지읒	ㅈ	語頭ではチャ行の子音に近い発音ですが，語中ではジャ行の発音となります。
ㅎ [h] 히읗	ㅎ	ハ行の子音に近い発音です。

연습 1 発音しながら書いてみましょう。

	ㅏ	ㅑ	ㅓ	ㅕ	ㅗ	ㅛ	ㅜ	ㅠ	ㅡ	ㅣ
ㄱ										
ㄴ										
ㄷ										
ㄹ										
ㅁ										
ㅂ										
ㅅ										
ㅇ										
ㅈ										
ㅎ										

연습 2 発音しながら書いてみましょう。

1-8

제 2 과

(1) 가시 (とげ)

(2) 나무 (木)

(3) 다리 (足)

(4) 부모 (親)

(5) 서다 (立つ)

(6) 여기 (ここ)

(7) 하루 (一日)

(8) 자녀 (子供)

(9) 아뇨 (いいえ)

(10) 뉴스 (ニュース)

(11) 이야기 (話)

듣기 1 音声を聞いて発音している文字を書きましょう。

1-9

(1) (2) (3) (4) (5)

(6) (7) (8) (9) (10)

学習ノート

2. 激音

激音は息を強く吐く音となります。平音のㄱ [k／g]，ㄷ [t／d]，ㅂ [p／b]，ㅈ [tʃ／dʒ] のそれぞれに線や点を加えたㅋ [k^h]，ㅌ [t^h]，ㅍ [p^h]，ㅊ [$tʃ^h$] が激音となります。

1-10

ㅋ [k^h] 키읔	②ㅋ①	息を強く吐き出しながらㄱ [k] と発音します。
ㅌ [t^h] 티읕	①③ㅌ②	息を強く吐き出しながらㄷ [t] と発音します。
ㅍ [p^h] 피읖	①②ㅍ③④	息を強く吐き出しながらㅂ [p] と発音します。
ㅊ [$tʃ^h$] 치읓	①②ㅊ③	息を強く吐き出しながらㅈ [tʃ] と発音します。

연습 1 発音しながら書いてみましょう。

	ㅏ	ㅑ	ㅓ	ㅕ	ㅗ	ㅛ	ㅜ	ㅠ	ㅡ	ㅣ
ㅋ										
ㅌ										
ㅍ										
ㅊ										

1-11

연습 2 発音しながら書いてみましょう。

(1) 주차 (駐車) ＿＿＿＿ ＿＿＿＿ ＿＿＿＿ ＿＿＿＿

(2) 노트 (ノート) ＿＿＿＿ ＿＿＿＿ ＿＿＿＿ ＿＿＿＿

(3) 타자 (打者) ＿＿＿＿ ＿＿＿＿ ＿＿＿＿ ＿＿＿＿

(4) 포도 (ブドウ) ＿＿＿＿ ＿＿＿＿ ＿＿＿＿ ＿＿＿＿

(5) 기차 (汽車) ＿＿＿＿ ＿＿＿＿ ＿＿＿＿ ＿＿＿＿

(6) 크다 (大きい) ＿＿＿＿ ＿＿＿＿ ＿＿＿＿ ＿＿＿＿

1-12

듣기 1 音声を聞いて発音している文字を書きましょう。

(1)　　(2)　　(3)　　(4)　　(5)

(6)　　(7)　　(8)　　(9)　　(10)

3. 濃音

濃音は息を出さずに喉を詰まらせる音となります。平音のㄱ [k/g]，ㄷ [t/d]，ㅂ [p/b]，ㅅ [s/ʃ]，ㅈ [tʃ/dʒ] にそれぞれの文字に同じ子音を二つ重ねたㄲ [ˀk]，ㄸ [ˀt]，ㅃ [ˀp]，ㅆ [ˀs]，ㅉ [ˀtʃ] が濃音となります。

ㄲ [ˀk] 쌍기역	①ㄲ②	ㄱ [k/g] の前に「ッ」を入れたつもりで，息を出さずに「ッカ」のように発音します。例えば，「しっかり」の［ッカ］の発音です。
ㄸ [ˀt] 쌍디귿	①③②ㄸ④	ㄷ [t/d] の前に「ッ」を入れたつもりで，息を出さずに「ッタ」のように発音します。例えば，「やった」の［ッタ］の発音です。
ㅃ [ˀp] 쌍비읍	①②⑥③ㅃ⑦④⑤⑧	ㅂ [p/b] の前に「ッ」を入れたつもりで，息を出さずに「ッパ」のように発音します。例えば，「やっぱり」の［ッパ］の発音です。
ㅆ [ˀs] 쌍시옷	①ㅆ③②④	ㅅ [s/ʃ] の前に「ッ」を入れたつもりで，息を出さずに「ッサ」のように発音します。例えば，「あっさり」の［ッサ］の発音です。
ㅉ [ˀtʃ] 쌍지읒	①ㅉ③④②	ㅈ [tʃ/dʒ] の前に「ッ」を入れたつもりで，息を出さずに「ッチャ」のように発音します。例えば，「ぽっちゃり」の［ッチャ］の発音です。

1-13

연습 1 発音しながら書いてみましょう。

	ㅏ	ㅑ	ㅓ	ㅕ	ㅗ	ㅛ	ㅜ	ㅠ	ㅡ	ㅣ
ㄲ										
ㄸ										
ㅃ										
ㅆ										
ㅉ										

연습 2 発音しながら書いてみましょう。

1-14

(1) 가 카 까 ＿＿＿ ＿＿＿ ＿＿＿ ＿＿＿

(2) 다 타 따 ＿＿＿ ＿＿＿ ＿＿＿ ＿＿＿

(3) 바 파 빠 ＿＿＿ ＿＿＿ ＿＿＿ ＿＿＿

(4) 사 싸 ＿＿＿ ＿＿＿ ＿＿＿ ＿＿＿

(5) 자 차 짜 ＿＿＿ ＿＿＿ ＿＿＿ ＿＿＿

1-15 **연습 3 発音に注意しながら書いてみましょう。**

(1) 기다　키다　끼다 ________ ________ ________

(2) 토끼　도끼　또끼 ________ ________ ________

(3) 사다　싸다 ________ ________ ________

(4) 크다　끄다　그다 ________ ________ ________

(5) 자다　차다　짜다 ________ ________ ________

(6) 비다　피다　삐다 ________ ________ ________

1-16 **듣기 1 音声を聞いて発音している文字を書きましょう。**

(1)　(2)　(3)　(4)　(5)

(6)　(7)　(8)　(9)　(10)

1-17 **듣기 2 音声を聞いて発音している文字を選んでみましょう。**

(1) 자다　차다　짜다　　(2) 다지　타지　따지

(3) 소다　쏘다　초다　　(4) 피우다　비우다　삐우다

(5) 가다　카다　까다　　(6) 바다　타다　파다

学習ノート

参考　調音位置と調音法

・調音位置：発声器官の中で，音の区別に大きく係る部分を指します。

・調音法：呼気がどのように流れるか流れないかという発音の仕方を指します。

調音法＼位置			両唇音	歯茎音	硬口蓋音	軟口蓋音	喉音
無声	破裂音	平音	ㅂ	ㄷ		ㄱ	
		濃音	ㅃ	ㄸ		ㄲ	
		激音	ㅍ	ㅌ		ㅋ	
	破擦音	平音			ㅈ		
		濃音			ㅉ		
		激音			ㅊ		
	摩擦音	平音		ㅅ			ㅎ
		濃音		ㅆ			
有声	鼻音		ㅁ	ㄴ		ㅇ	
	流音				ㄹ		

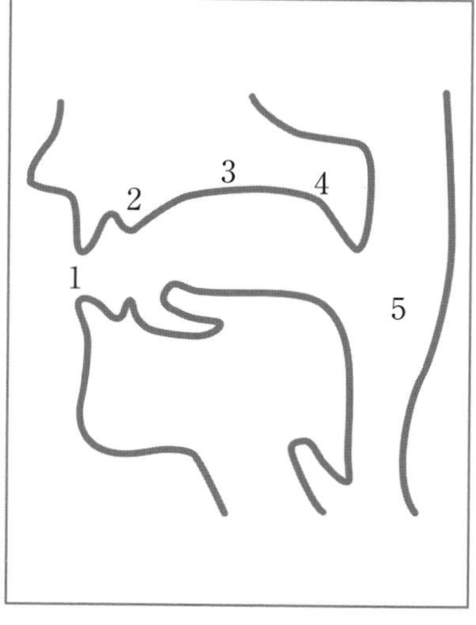

1：両唇音　（ㅁ, ㅂ, ㅃ, ㅍ）

2：歯茎音　（ㄷ, ㄸ, ㅌ, ㅅ, ㅆ, ㄴ）

3：硬口蓋音（ㅈ, ㅉ, ㅊ, ㄹ）

4：軟口蓋音（ㄱ, ㄲ, ㅋ, ㅇ）

5：喉音　　（ㅎ）

濃音は息を出さずに発音します。そして，平音は日本語より柔らかく発音し，激音は平音よりさらに息を強く吐き出して発音します。

【文字編】

제3과 複合母音

この課では，基本母音の組み合わせである複合母音を勉強します。複合母音は11個あります。

1-18

ㅐ	[ɛ]	ㅐ	「エ」より口を大きく開けて発音します。
ㅒ	[jɛ]	ㅒ	口を大きく開けて「イェ」と発音します。
ㅔ	[e]	ㅔ	「エ」とほぼ同じ発音です。
ㅖ	[je]	ㅖ	「イェ」とほぼ同じ発音です。
ㅘ	[wa]	ㅘ	「ワ」とほぼ同じ発音です。
ㅙ	[wɛ]	ㅙ	「ウェ」とほぼ同じ発音です。
ㅚ	[we]	ㅚ	「ウェ」とほぼ同じ発音です。
ㅝ	[wɔ]	ㅝ	「ウォ」とほぼ同じ発音です。
ㅞ	[we]	ㅞ	「ウェ」とほぼ同じ発音です。
ㅟ	[wi]	ㅟ	口を丸めて「ウィ」と発音します。
ㅢ	[ɯi]	ㅢ	口を横に引いたまま「ウイ」と発音します。

※発音の注意

- 애のほうが에より口を大きく開けます。ただし，二つの発音を区別しない人も多いです。
- 왜と외と웨の発音も区別せずに［ウェ］と発音する人が多いです。
- 예は，子音がㅇの場合，［イェ］と発音しますが，その他の子音に付くと에［エ］と発音します。つまり，시계（時計）は［시게］と発音します。
- 의は，単語が母音의で始まるときのみ，口を横に引いたまま［ウイ］と発音しますが，それ以外では［イ］と発音されます。また，助詞「の」の役割を果たす場合は［エ］と発音します。

・의회（議会） → ［의회］　　・희망（希望） → ［히망］

・회의（会議） → ［회이］

・어머니의 시계（母の時計） → ［어머니에 시게］

※書き方の注意

- 워と웨を書く場合は，短い横線が우の横線の上に書かないようにしましょう。

워（○） ／ 워（×），　웨（○） ／ 웨（×）

연습 1 発音しながら書いてみましょう。

	ㅐ	ㅒ	ㅔ	ㅖ	ㅘ	ㅙ	ㅚ	ㅝ	ㅞ	ㅟ	ㅢ
ㄱ											
ㄴ											
ㄷ											
ㄹ											
ㅁ											
ㅂ											
ㅅ											
ㅇ											
ㅈ											
ㅊ											
ㅎ											

1-19

연습 2 次の単語を発音しながら書いてみましょう。

(1) 어제 (昨日)

(2) 의미 (意味)

(3) 회사 (会社)

(4) 계기 (契機)

(5) 과자 (お菓子)

(6) 취미 (趣味)

(7) 돼지 (豚)

(8) 야채 (野菜)

(9) 샤워 (シャワー)

(10) 위기 (危機)

(11) 예외 (例外)

(12) 거의 (ほとんど)

(13) 궤도 (軌道)

(14) 기회 (機会)

(15) 아래 (下)

(16) 최고 (最高)

(17) 회화 (会話)

(18) 소외 (疎外)

(19) 스웨터 (セーター)

(20) 시계 (時計)

(21) 화해 (和解)

(22) 쇠고기 (牛肉)

듣기 1 音声を聞いて発音している文字を書いてみましょう。

1-20

(1) ＿＿＿＿ (2) ＿＿＿＿ (3) ＿＿＿＿

(4) ＿＿＿＿ (5) ＿＿＿＿ (6) ＿＿＿＿

(7) ＿＿＿＿ (8) ＿＿＿＿ (9) ＿＿＿＿

(10) ＿＿＿＿ (11) ＿＿＿＿ (12) ＿＿＿＿

얘기(話)	회계(会計)	귀(耳)
교과서(教科書)	그저께(一昨日)	뒤에(後ろに)
왜(何故)	저희(私たち)	사회(社会)
구두쇠(ケチ)	가위(ハサミ)	웨이터(ウェイター)

1-21

듣기 2 音声を聞いて発音している文字を選んでみましょう。

(1) 과자　가자　가짜　　(2) 기수　귀수　괴수

(3) 지개　찌개　치게　　(4) 취미　최미　체미

(5) 의자　이자　위자　　(6) 샤위　샤이　샤워

(7) 하가　화가　화과　　(8) 취저　최저　치저

(9) 타위　타웨　타워　　(10) 수화　수하　수웨

学習ノート

【文字編】

제4과 終声（パッチム）

韓国語には「子音＋母音」の組み合わせだけではなく，「子音＋母音＋子音」という組み合わせがあります。この最後の子音を終声（パッチム）と言います（音声上では「終声」と言い，文字上では「パッチム」と言いますが，本テキストでは便宜上，終声を用います）。例えば，방（部屋）はㅂ＋ㅏ＋ㅇの組み合わせで，손（手）はㅅ＋ㅗ＋ㄴの組み合わせとなります。この場合，방におけるㅇと손におけるㄴがそれぞれの語の終声となります。

終声にはㄱ，ㄷ，ㅂ，ㅇ，ㄴ，ㅁ，ㄹ，これら7つがあります。ㄱ（k型）には，ㄱ，ㅋ，ㄲ…の終声がありますが，すべて［k］として発音します。つまり，각，갘，갂の発音はすべて[kak]となります。また，ㄷ（t型）には，ㄷ，ㅅ，ㅆ…の終声が，ㅂ（p型）には，ㅂ，ㅍ…の終声があります。

<table>
<tr><th>口音</th><th>鼻音</th><th>流音</th></tr>
<tr><td>ㄱ, ㅋ, ㄲ, ㄳ, ㄺ</td><td>ㅇ</td><td rowspan="3">ㄹ, ㄼ, ㄽ, ㄾ, ㅀ</td></tr>
<tr><td>ㄷ, ㅌ, ㅅ, ㅆ, ㅈ, ㅊ, ㅎ</td><td>ㄴ, ㄵ, ㄶ</td></tr>
<tr><td>ㅂ, ㅍ, ㅄ, ㄿ</td><td>ㅁ, ㄻ</td></tr>
</table>

1-22

ㄱ	[k]	「ガッコウ」というときの「ッ」の音です。舌を奥の軟口蓋に引っ込めながら，息を出さずにしっかり止めて発音します。
ㄴ	[n]	「アンナイ」というときの「ン」の音です。発音したときに舌先が上の歯茎につき，息は鼻孔を通ります。
ㄷ	[t]	「ヤッタ」というときの「ッ」の音です。舌先が上の歯茎につきますが，息を止めるように発音します。
ㄹ	[l]	「ムㇽ」というときの「ㇽ」の音です。このとき，息が漏れて「ル」と発音されないようにしましょう。舌先をやや反らせて上の歯茎から少し離れたところで発音します。
ㅁ	[m]	「サンマ」というときの「ン」の音です。両唇をしっかり閉じて発音します。このとき，息は鼻孔を通ります。
ㅂ	[p]	「ハッパ」というときの「ッ」の音です。両唇を用いて息を止めるように発音します。
ㅇ	[ŋ]	「マンガ」というときの「ン」の音です。舌を奥の軟口蓋に引っ込めながら，口を開けたまま発音します。このとき，息は鼻孔を通ります。

※発音の注意

終声は文字の最後に現れるため，必ず発音の最後にそれぞれの終声の発音の特徴が現れます。

例えば，ㄴとㄷは同じく歯茎音（調音位置）なので，舌先が上の歯茎を触れます。しかし，ㄴは鼻音（調音法）であるため，안と発音すると，最後に終声ㄴの影響を受けて鼻孔が響きます。一方，ㄷは破裂音であるため，息を止めるように発音します。11頁及び19頁の調音位置と調音法を照らし合わせながら練習してみましょう。

연습 1 発音しながら書いてみましょう。

1-23

(1) 각 간 갇 갈 감 갑 강 ________

(2) 넉 넌 넏 널 넘 넙 넝 ________

(3) 력 련 렫 렬 렴 렵 령 ________

(4) 북 분 붇 불 붐 붑 붕 ________

(5) 학 한 핟 할 함 합 항 ________

※2つの終声の発音の覚え方

2つの終声の場合は，ㄻ，ㄿを除き，基本子音の가나다라…の順序に基づいて早い順序の子音を発音します。例えば，ㄺ，ㄵ，ㅄなどの場合では，それぞれㄱ，ㄴ，ㅂの順序が早いため，닭は[닥]，앉は[안]，값は[갑]と発音します。ただし，밟다（踏む）は例外としてㅂを読みます。

基本子音の順序：	가 나 다 라 마 바 사 아 자 차 카 타 파 하

もう一つの覚え方として，ㄺ，ㄻ，ㄿ以外は左側の終声を発音するという覚え方もあります。

左側の音を発音する	右側の音を発音する
ㄳ，ㄵ，ㄶ，ㄼ，ㄽ，ㄾ，ㅀ，ㅄ	ㄺ，ㄻ，ㄿ

1-24

연습 2 発音しながら書いてみましょう。

(1) 책(本) 밖(外) 삯(代金) 닭(鶏) ______

(2) 눈(目) 많다(多い) 앉다(座る) ______

(3) 겉(表) 곧(すぐ) 낮(昼) 옷(服) ______

(4) 달(月) 잃다(失う) 여덟(8つ) ______

(5) 봄(春) 땀(汗) 삶(人生) ______

(6) 밥(ご飯) 옆(横) 값(値段) ______

(7) 강(川) 형(兄) 땅(土) ______

1-25

연습 3 発音しながら書いてみましょう。

(1) 읽다(読む) ______ (2) 없다(いない, ない) ______

(3) 끊다(切る) ______ (4) 괜찮다(大丈夫だ) ______

(5) 선생님(先生) ______ (6) 깊다(深い) ______

(7) 잃다(失う) ______ (8) 젊다(若い) ______

1-26

듣기 1 音声の発音を聞いて下記の中から選んで書きましょう。

(1) ______ (2) ______ (3) ______

(4) ______ (5) ______ (6) ______

(7) ______ (8) ______ (9) ______

일본(日本)	미국(アメリカ)	아침(朝)
맛(味)	친구(友達)	학생(学生)
술집(居酒屋)	불(火)	돈(お金)

듣기 2 音声を聞いて発音している文字を選んでみましょう。

(1) 겨울	겨움	겨운	(2) 수산	수삼	수상
(3) 인구	임구	입구	(4) 가박	가방	가밤
(5) 갔다	간다	감다	(6) 사랑	사람	사란
(7) 조굼	조국	조궁	(8) 좋다	좁다	졸다

参考　終声の発音のコツ

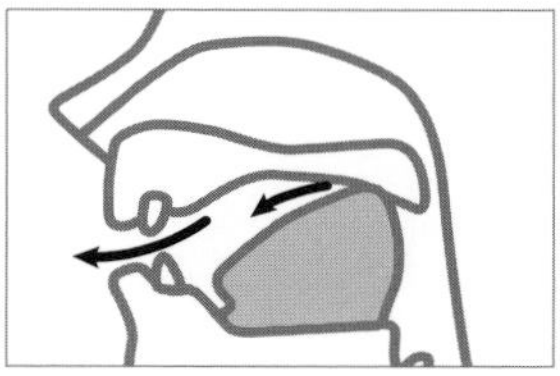

ㄱ [k]　VS　ㅇ [ŋ]

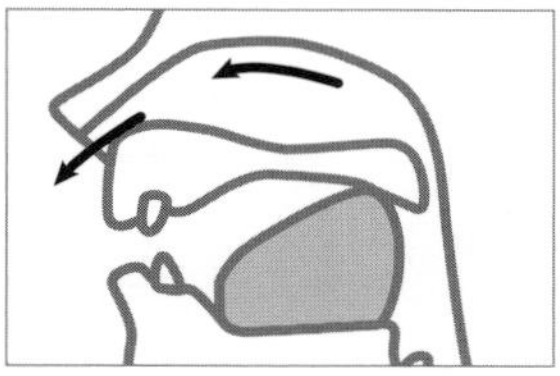

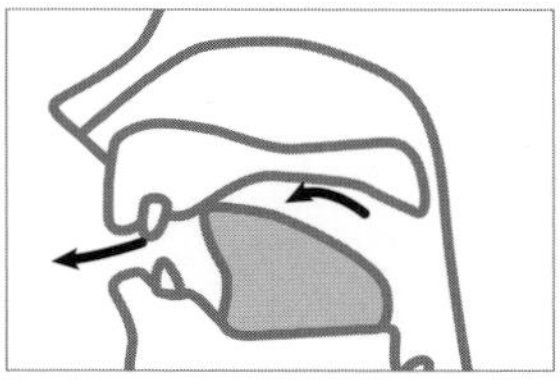

ㄷ [t]　VS　ㄴ [n]

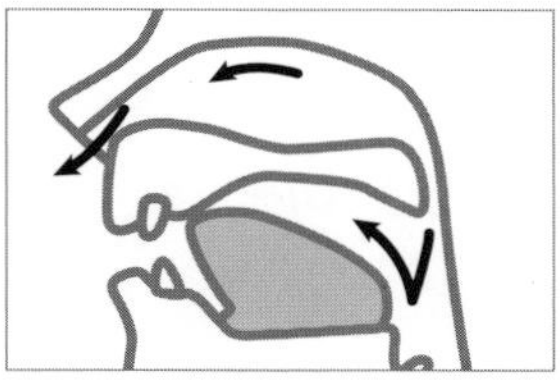

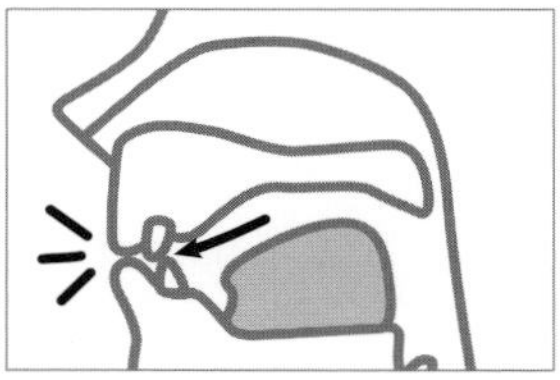

ㅂ [p]　VS　ㅁ [m]

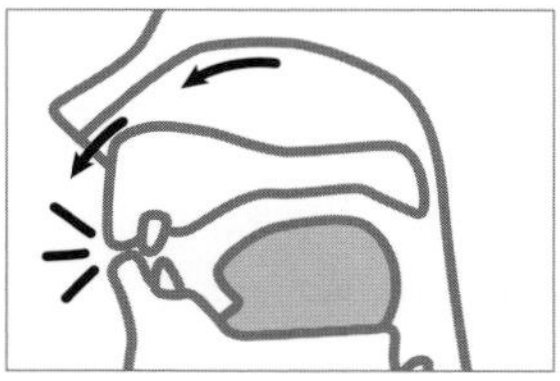

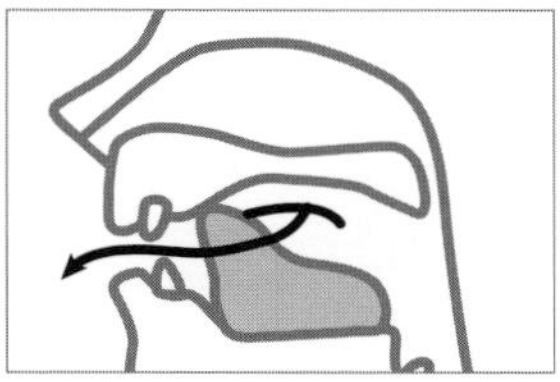

ㄹ [l]

【文字編】

제5과 発音の変化

1．有声音化

①子音ㄱ[k]，ㄷ[t]，ㅂ[p]，ㅈ[tʃ]が母音に挟まれるとそれぞれ[g]，[d]，[b]，[dʒ]のように有声音化（濁音化）します。

고기 [kogi]　肉　　바다 [pada]　海

부부 [pubu]　夫婦　　아주 [adʒu]　とても

연습　次の単語を発音しながら書いてみましょう。　1-28

(1) 시장 (市場) ______　(2) 타자 (打者) ______

(3) 아버지 (父) ______　(4) 파도 (波) ______

(5) 가구 (家具) ______　(6) 두발 (頭髪) ______

②終声ㄴ，ㅁ，ㄹ，ㅇの後に続くㄱ，ㄷ，ㅂ，ㅈも有声音化します。ㄱ，ㄷ，ㅂ，ㅈ以外の子音が有声音化することはありません。

終声		初声		終声		初声	変化
ㄴ ㅁ ㄹ ㅇ	+	ㄱ ㄷ ㅂ ㅈ	=	そのまま	+	g d b dʒ	한국 [hanguk] 韓国 감동 [kamdoŋ] 感動 일본 [ilbon] 日本 공기 [koŋgi] 空気

연습　次の単語を発音しながら書いてみましょう。　1-29

(1) 언제 (いつ) ______　(2) 갈비 (カルビ) ______

(3) 문방구 (文房具) ______　(4) 공부 (勉強) ______

(5) 감자 (ジャガイモ) ______　(6) 현장 (現場) ______

2. 連音化

① 終声の次に母音で始まる音節が来ると，終声の音が次の母音に移って発音されます。この現象を連音化と言います。

음악	[으막]	音楽	국어	[구거]	国語
일본인	[일보닌]	日本人	옆에	[여페]	横に

연습 次の単語を発音しながら書いてみましょう。

(1) 집이 (家が) ＿＿＿＿＿＿　(2) 발음 (発音) ＿＿＿＿＿＿

(3) 금연 (禁煙) ＿＿＿＿＿＿　(4) 단어 (単語) ＿＿＿＿＿＿

(5) 이름이 (名前が) ＿＿＿＿＿＿　(6) 낮에 (昼間に) ＿＿＿＿＿＿

제 5 과

② 終声が二文字の場合，左側の子音は終声として残り，右側の子音は次の母音に移って発音されますが，同じ終声の二文字（濃音）は，終声全体が次の母音に移って発音されます。なお，終声がㅇの場合は，連音化が起きず，そのまま発音されますが，次の母音は鼻音になります。

밖에	[바깨]	外に	있어요	[이써요]	あります
흙이	[흘기]	土が	젊은이	[절므니]	若者
종이	[종이]	紙	고양이	[고양이]	猫

연습 次の単語を発音しながら書いてみましょう。

(1) 닦아요 (磨きます) ＿＿＿＿＿＿　(2) 강아지 (犬) ＿＿＿＿＿＿

(3) 짧아요 (短いです) ＿＿＿＿＿＿　(4) 깎아요 (切ります) ＿＿＿＿＿＿

(5) 앉아요 (座ります) ＿＿＿＿＿＿　(6) 읽어요 (読みます) ＿＿＿＿＿＿

3. ㅎ音の弱音化

①終声ㄴ, ㅁ, ㄹ, ㅇや母音の後にㅎが続くと, 母音の直後に続くㅎは, その音が弱まります。

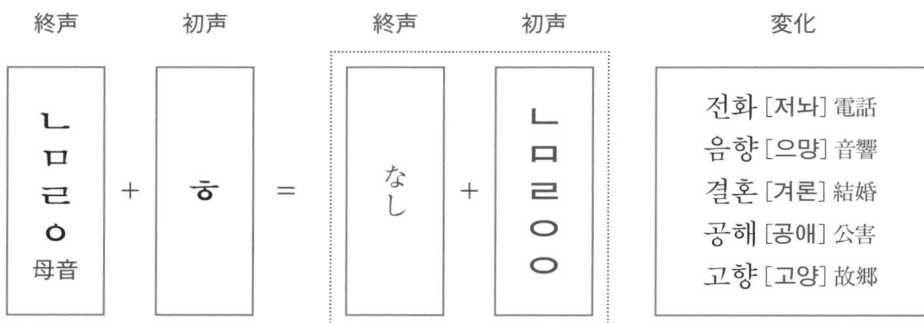

※ただし, 終声がㅇの場合は, 終声を発音します。

②終声ㅎにㅇが続くと, ㅎは発音されません。

좋아요 [조아요] 良いです　　　　넣어요 [너어요] 入れます

③終声ㄶ, ㅀの後にㅇが続くとㅎ音が発音されず, それぞれの終声ㄴとㄹが後ろの母音と組み合わせて発音されます。

많아요 [마나요] 多いです　　　　끓어요 [끄러요] 沸きます

1-32

연습 次の単語を発音しながら書いてみましょう。

(1) 번호 (番号) ＿＿＿＿＿＿　(2) 평화 (平和) ＿＿＿＿＿＿

(3) 은행 (銀行) ＿＿＿＿＿＿　(4) 영화 (映画) ＿＿＿＿＿＿

(5) 담화 (談話) ＿＿＿＿＿＿　(6) 사회 (社会) ＿＿＿＿＿＿

(7) 철학 (哲学) ＿＿＿＿＿＿　(8) 올해 (今年) ＿＿＿＿＿＿

(9) 많이 (たくさん) ＿＿＿＿＿＿　(10) 싫어요 (嫌です) ＿＿＿＿＿＿

(11) 안녕하세요 (こんにちは) ＿＿＿＿＿＿

(12) 가지 않아요 (行きません) ＿＿＿＿＿＿

4. ㅎ音の激音化

① 終声ㄱ (k型), ㄷ (t型), ㅂ (p型) やㅈの後にㅎが続くと, それぞれの激音であるㅋ, ㅌ, ㅍ, ㅊに変わります。

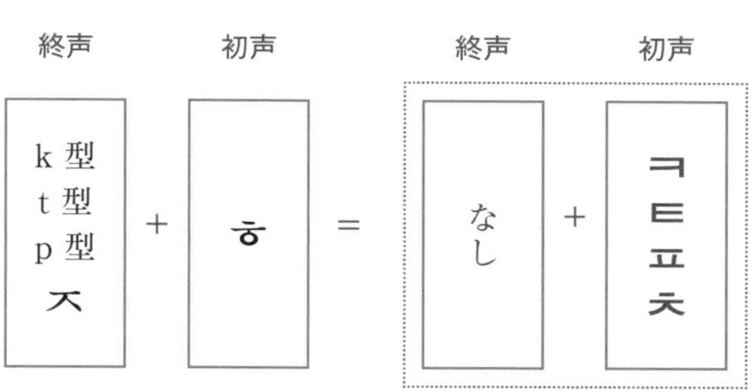

変化

축하 [추카] 祝賀
맏형 [마텽] 長男
급행 [그팽] 急行
맞히다 [마치다] 当てる

연습 次の単語を発音しながら書いてみましょう。 1-33

(1) 입학 (入学) ＿＿＿＿＿＿　(2) 약하다 (弱い) ＿＿＿＿＿＿

(3) 백화점 (百貨店) ＿＿＿＿＿＿　(4) 못하다 (できない) ＿＿＿＿＿＿

(5) 몇 호실 (何号室) ＿＿＿＿＿＿　(6) 협회 (協会) ＿＿＿＿＿＿

(7) 잊혀지다 (忘れる) ＿＿＿＿＿＿　(8) 많다 (多い) ＿＿＿＿＿＿

② 終声ㅎの後にㄱ, ㄷ, ㅈが続くと, それぞれㅋ, ㅌ, ㅊに変わります。

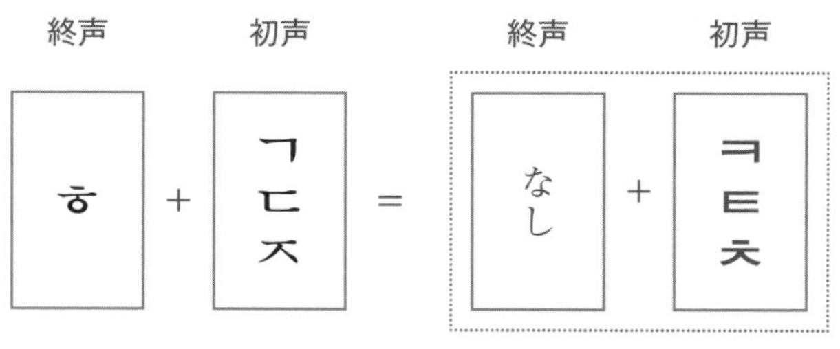

変化

놓고 [노코] 置いて
좋다 [조타] 良い
좋지 [조치] 良いとも

연습 次の単語を発音しながら書いてみましょう。 1-34

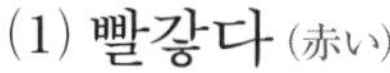

(1) 빨갛다 (赤い) ＿＿＿＿＿＿　(2) 어떻게 (どのように) ＿＿＿＿＿＿

(3) 그렇지만 (しかし) ＿＿＿＿＿＿　(4) 이렇게 (このように) ＿＿＿＿＿＿

(5) 그렇다 (そうだ) ＿＿＿＿＿＿　(6) 많지 않다 (多くない) ＿＿＿＿＿＿

5. 濃音化

終声ㄱ(k 型), ㄷ(t 型), ㅂ(p 型)の後にㄱ, ㄷ, ㅂ, ㅅ, ㅈで始まる文字が続くと, それぞれㄲ, ㄸ, ㅃ, ㅆ, ㅉのように濃音化されます。

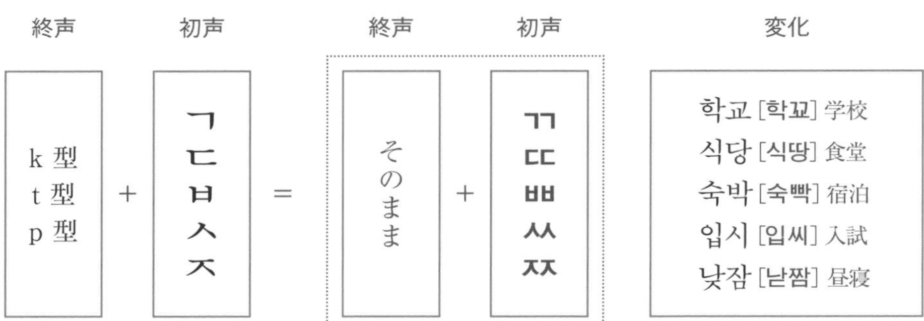

1-35 **연습** **次の単語を発音しながら書いてみましょう。**

(1) 택시 (タクシー) ＿＿＿＿＿＿　(2) 숙제 (宿題) ＿＿＿＿＿＿

(3) 맞벌이 (共働き) ＿＿＿＿＿＿　(4) 합동 (合同) ＿＿＿＿＿＿

(5) 습관 (習慣) ＿＿＿＿＿＿　(6) 학생 (学生) ＿＿＿＿＿＿

(7) 젓가락 (箸) ＿＿＿＿＿＿　(8) 잡지 (雑誌) ＿＿＿＿＿＿

6. 鼻音化

① 終声ㄱ (k型), ㄷ (t型), ㅂ (p型) の後に鼻音ㄴ, ㅁが来ると, ㄱ (k型) はㅇに, ㄷ (t型) はㄴに, そしてㅂ (p型) はㅁに変わって発音されます。

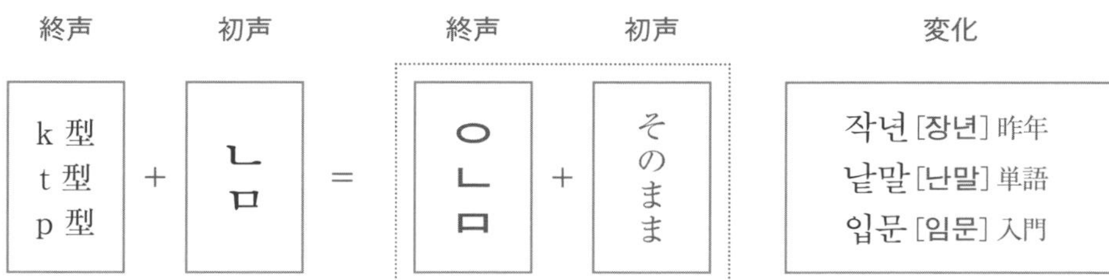

연습 次の単語を発音しながら書いてみましょう。

(1) 학년(学年) ＿＿＿＿＿＿　(2) 업무(業務) ＿＿＿＿＿＿

(3) 믿는다(信じる) ＿＿＿＿＿＿　(4) 잡념(雑念) ＿＿＿＿＿＿

(5) 꽃무늬(花模様) ＿＿＿＿＿＿　(6) 식물(植物) ＿＿＿＿＿＿

②終声ㅁ, ㅇの後にㄹが来ると, ㄹは鼻音ㄴに変わって発音されます。

終声　初声　終声　初声　変化

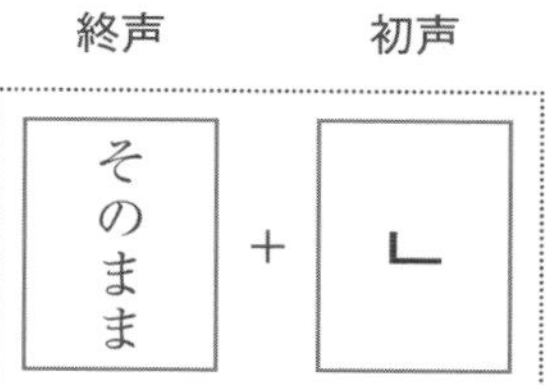

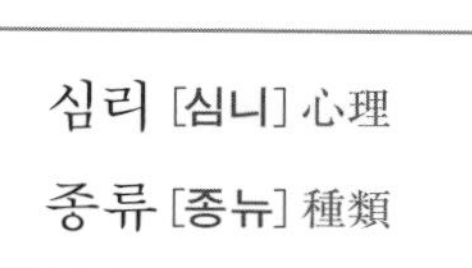

연습 次の単語を発音しながら書いてみましょう。

(1) 총리(総理) ＿＿＿＿＿＿　(2) 대통령(大統領) ＿＿＿＿＿＿

(3) 음료수(飲料水) ＿＿＿＿＿＿　(4) 음력(陰暦) ＿＿＿＿＿＿

③終声ㄱ (k型), ㅂ (p型) の後にㄹが来ると, ㄹがㄴに変わり, 終声ㄱ (k型), ㅂ (p型) はそれぞれㅇ, ㅁの鼻音に変わって発音されます。

終声　初声　終声　初声　変化

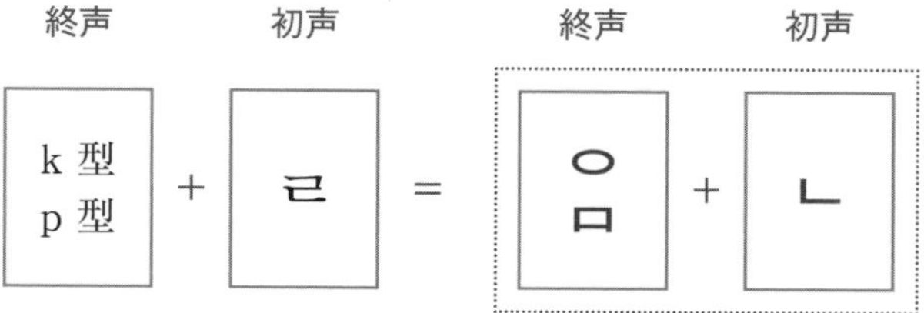

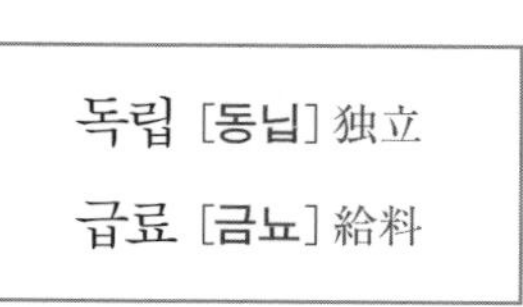

연습 次の単語を発音しながら書いてみましょう。

(1) 협력(協力) ＿＿＿＿＿＿　(2) 식량(食料) ＿＿＿＿＿＿

(3) 목록(目録) ＿＿＿＿＿＿　(4) 입력(入力) ＿＿＿＿＿＿

7. 流音化

終声ㄴの次にㄹの子音が続く場合と，終声ㄹの次にㄴの子音が続く場合は，どちらもㄹで発音します。ただし，漢字語の合成語の場合は，ㄴ+ㄴとなります。

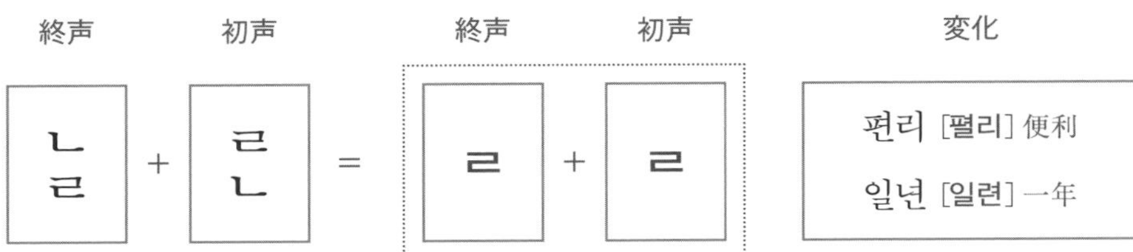

1-39 **연습 次の単語を発音しながら書いてみましょう。**

(1) 설날 (元旦) ＿＿＿＿＿＿　(2) 실내 (室内) ＿＿＿＿＿＿

(3) 연락 (連絡) ＿＿＿＿＿＿　(4) 관람 (観覧) ＿＿＿＿＿＿

(5) 생산량 (生産量) ＿＿＿＿＿＿　(6) 의견란 (意見欄) ＿＿＿＿＿＿

8. 口蓋音化

終声ㄷとㅌの次に母音이が来ると，それぞれㅈ，ㅊの音に変わります。

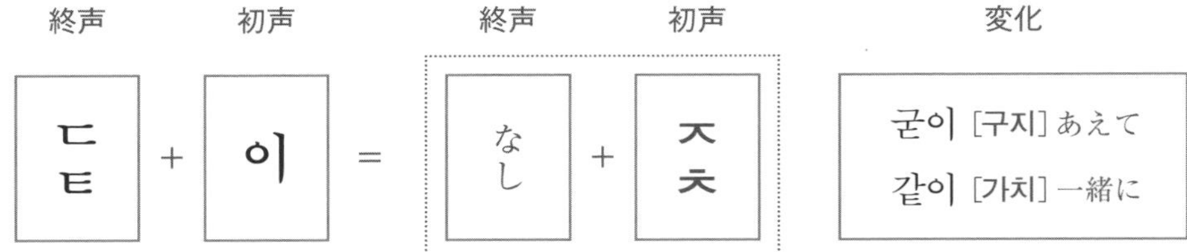

1-40 **연습 次の単語を発音しながら書いてみましょう。**

(1) 밭이 (畑が) ＿＿＿＿＿＿　(2) 붙이다 (付ける) ＿＿＿＿＿＿

(3) 해돋이 (日の出) ＿＿＿＿＿＿　(4) 맏이 (上の子) ＿＿＿＿＿＿

9. ㄴ挿入

合成語や派生語の場合，前の語が子音で終わり，後ろの語が이 [i]，야 [ja]，여 [jɔ] 요 [jo]，유「ju」で始まると，後ろの語にㄴが挿入されます。

부산역	[부산녁（ㄴ挿入）]			釜山駅
십육	[십뉵（ㄴ挿入）]	→	[심뉵（鼻音化）]	十六
백육	[백뉵（ㄴ挿入）]	→	[뱅뉵（鼻音化）]	百六
첫여름	[천녀름（ㄴ挿入）]	→	[천녀름（鼻音化）]	初夏
볼일	[볼닐（ㄴ挿入）]	→	[볼릴（流音化）]	用事

연습 次の単語を発音しながら書いてみましょう。 1-41

(1) 무슨 약（何の薬）＿＿＿＿＿＿　(2) 식용유（食用油）＿＿＿＿＿＿

(3) 이십육（二十六）＿＿＿＿＿＿　(4) 꽃잎（花びら）＿＿＿＿＿＿

(5) 색연필（色鉛筆）＿＿＿＿＿＿　(6) 서울역（ソウル駅）＿＿＿＿＿＿

学習ノート

参考　日本語のハングル表記方法

かな					語頭					語中				
あ	い	う	え	お	아	이	우	에	오	아	이	우	에	오
か	き	く	け	こ	가	기	구	게	고	카	키	쿠	케	코
さ	し	す	せ	そ	사	시	스	세	소	사	시	스	세	소
た	ち	つ	て	と	다	지	쓰	데	도	타	치	쓰	테	토
な	に	ぬ	ね	の	나	니	누	네	노	나	니	누	네	노
は	ひ	ふ	へ	ほ	하	히	후	헤	호	하	히	후	헤	호
ま	み	む	め	も	마	미	무	메	모	마	미	무	메	모
や		ゆ		よ	야		유		요	야		유		요
ら	り	る	れ	ろ	라	리	루	레	로	라	리	루	레	로
わ				を	와				오	와				오
が	ぎ	ぐ	げ	ご	가	기	구	게	고	가	기	구	게	고
ざ	じ	ず	ぜ	ぞ	자	지	즈	제	조	자	지	즈	제	조
だ	ぢ	づ	で	ど	다	지	즈	데	도	다	지	즈	데	도
ば	び	ぶ	べ	ぼ	바	비	부	베	보	바	비	부	베	보
ぱ	ぴ	ぷ	ぺ	ぽ	파	피	푸	페	포	파	피	푸	페	포
きゃ		きゅ		きょ	갸		규		교	캬		큐		쿄
しゃ		しゅ		しょ	샤		슈		쇼	샤		슈		쇼
ちゃ		ちゅ		ちょ	자		주		조	차		추		초
にゃ		にゅ		にょ	냐		뉴		뇨	냐		뉴		뇨
ひゃ		ひゅ		ひょ	햐		휴		효	햐		휴		효
みゃ		みゅ		みょ	먀		뮤		묘	먀		뮤		묘
りゃ		りゅ		りょ	랴		류		료	랴		류		료
ぎゃ		ぎゅ		ぎょ	갸		규		교	갸		규		교
じゃ		じゅ		じょ	자		주		조	자		주		조
びゃ		びゅ		びょ	뱌		뷰		뵤	뱌		뷰		뵤
ぴゃ		ぴゅ		ぴょ	퍄		퓨		표	퍄		퓨		표

・カ，タ，キャ，チャ行は，語頭では平音，語中では激音で表記します。
　高畑：다카하타，川上：가와카미
・長母音は表記しません。大阪：오사카（○）／ 오오사카（×）
・促音（ッ）は，ㅅで，撥音（ン）はㄴで表記します。
　北海道：홋카이도，札幌：삿포로，仙台：센다이，銀座：긴자
・ス，ズ，ツ，ヅは，母音우ではなく，으を当て表記します。
　静岡：시즈오카，大塚：오쓰카
・苗字だけでなく名前も語頭として扱います。
　加藤 奏：가토 가나，津田 斗真：쓰다 도마

参考　ハングル入力及び辞書の引き方

1 ハングル入力

キーボードの左側が子音字，右側が母音字です。分かち書きをするときには，スペースキーを打ちます。

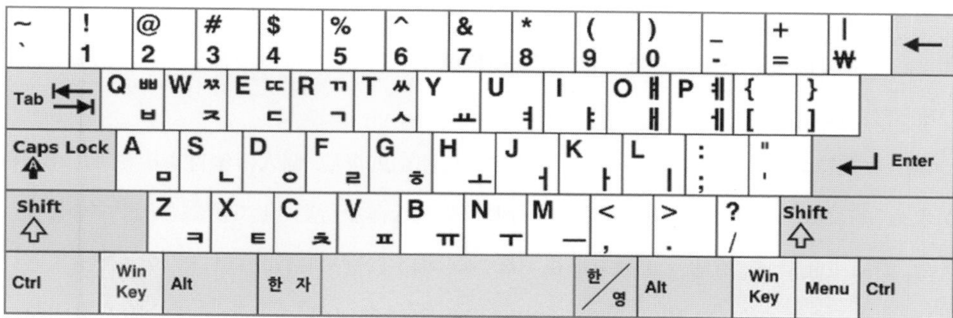

・子音＋母音 → 아：D+K

소：T+H

쏘：Shift T+H

・子音＋母音（複合母音） → 워：D+N+J

과：R+H+K

계：R+Shift P

・子音＋母音＋子音 → 진：W+L+S

・子音＋母音（複合母音）＋子音 → 권：R+N+J+S

・子音＋母音＋子音＋子音 → 짧：Shift W+K+F+Q

2 辞書の引き方

辞書の引き順（韓国式）は，「初声（子音）」→「中声（母音）」→「終声（子音）」の順となります。

・初声（子音）の配列

ㄱ ㄲ ㄴ ㄷ ㄸ ㄹ ㅁ ㅂ ㅃ ㅅ ㅆ ㅇ ㅈ ㅉ ㅊ ㅋ ㅌ ㅍ ㅎ

・中声（母音）の配列

ㅏ ㅐ ㅑ ㅒ ㅓ ㅔ ㅕ ㅖ ㅗ ㅘ ㅙ ㅚ ㅛ ㅜ ㅝ ㅞ ㅟ ㅠ ㅡ ㅢ ㅣ

・終声（子音）の配列

ㄱ ㄲ ㄳ ㄴ ㄵ ㄶ ㄷ ㄹ ㄺ ㄻ ㄼ ㄽ ㄾ ㄿ ㅀ ㅁ ㅂ ㅄ ㅅ ㅆ ㅇ ㅈ ㅊ ㅋ ㅌ ㅍ ㅎ

コラム 1

韓国人の価値観

韓国の社会の根底には儒教思想，すなわち三綱五倫における「父子有親」と「長幼有序」と関連した家父長的集団主義と序列を重視する権威主義，これら二つの軸を中心に構成されていると言われます。

集団主義における価値観の特徴は，個人より集団を重視し，個人の個性より集団との調和が求められるため，個人を目立たせる言語行動は失礼な言語行動として認識されやすいです。また，集団主義では，遠慮や謙遜を重視するため，相手に褒められた際には「とんでもございません。まだまだです（그렇지 않습니다. 아직 멀었습니다）」と言い，手土産を渡す際には，「つまらないものですが（변변치 않은 것입니다만）」と言うのが好ましいとされます。

とりわけ，我が国をはじめ，我が家，我が校，我が社など，自分と結びついた集団との関係を重視し，その集団の一員としての仲間意識や固い絆などを強調します。このことは，우리（私たち）という集団における濃厚な人間関係が求められ，互いに頻繁に連絡を取り合うことはもとより，プライベートでの付き合いやアポなしの訪問なども当然視される傾向が強いです。

一方，権威主義における価値観の特徴は，横の関係より縦の関係，すなわち垂直的序列を重視し，取り分け年長者に対する尊重を非常に重視しています。ゆえに，下位者から上位者への指示や命令などは失礼な言語行動として認識されやすく，上位者から下位者への忠告や干渉などは，上位者の貴重な知恵として当然，受け入れなければならない言語行動として見做されやすいです。このような権威主義は，お年寄りには席を譲ること，ものを渡す際には両手で渡すこと，さらに，年長者の話を遮ったり，口をはさんだりしないことなど，年長者に対する尊重が社会全般に広まっています。

最後に，韓国では初対面同士の人々がお互いの年齢や家族，学校，住居地などといったプライベートの質問をする場合が多いです。このような言語行動は，相手との共感を探し，それに基づいた敬語法の選択を導き出すためです。つまり，集団主義と権威主義に基づき，独立した個人としての存在の把握より集団の一員としての個人の位置を把握するための言語方略とも言えます。しかし，ご存知の通り，近年は伝統的な集団主義から個人主義へ，権威主義から平等主義への変化が進んでいます。

文法編

ようやく文字編が終わりました。お疲れ様です。
これから本格的に楽しい韓国語を勉強して
いきましょう。

【文法編】

제 1 과

学習目標 **挨拶をする**

입니다, 助詞「는／은」, 助詞「도」, 라고／이라고 합니다

저는 김고은이라고 합니다.

※本文会話文は、「ふつう→ゆっくり」スピードの音声が用意されています。

1-42

고은: 안녕하세요. 처음 뵙겠습니다.
[안녕아세요] [처음 뵙껟씀니다]

저는 김고은이라고 합니다.
[함니다]

유타: 안녕하세요. 저는 야마다 유타입니다.
[임니다]

만나서 반갑습니다.
[반갑씀니다]

김고은 씨는 대학생입니까?
[대학쌩임니까]

고은: 네, 대학생입니다. 잘 부탁합니다.
[부타캄니다]

유타: 저도 대학생입니다. 잘 부탁합니다.

안녕.
나는 김고은이야.

안녕. 난 야마다 유타야.
만나서 반가워.
고은이는 대학생이야?

응, 대학생이야. 잘 부탁해.

나도 대학생이야. 잘 부탁해.

 단어와 표현 : 単語と表現

안녕하세요	こんにちは	5級
처음 뵙겠습니다	初めまして	5級
저／나	私	5級
씨	さん	5級
대학생	大学生	5級
네	はい	5級
응	うん	3級

- 안녕하세요（こんにちは）
  改まった場面の挨拶で，友達同士の挨拶は，안녕と言います。
- 저／나（私）
  나は，友達同士や目下の人に使う表現です。저は나の謙譲語にあたる表現です。初対面の人や目上の人に対して使います。
- 만나서 반갑습니다（お会いできてうれしいです）
  韓国では初対面の際によく使われる表現です。
- 잘 부탁합니다（よろしくお願いします）

単語：취미 趣味

- 야구 野球 5級
- 축구 サッカー 5級
- 수영 水泳 準2級
- 댄스 ダンス 準2級
- 음악 音楽 5級
- 영화 映画 5級
- 독서 読書 4級
- 게임 ゲーム 4級

한 걸음 더 Learn more　呼び方

人を呼ぶ際，日本では「さん」や「様」などをつけて「田中さん」「田中様」などと呼び，友達同士や親しい間柄においては「田中」「雄太」のように呼び捨てや「雄太くん」「あだ名」などといった様々な呼び方が使われます。一方，韓国では，「さん」にあたる呼び方は**씨**となり，「様」は**님**となります。また，友達同士や親しい間柄では，日本と同様に呼び捨てやあだ名も見られますが，一般的には名前に**야**／**아**をつける**철수야**，**고은아**の呼び方が使われます。

ただし，「さん」にあたる**씨**の使い方には注意が必要です。一般的に韓国ではフルネームに**씨**をつけて**김고은 씨**または**고은 씨**と呼びます。日本のように苗字だけに**씨**をつけて **김 씨**と呼ぶのは，相手に失礼な印象を与えかねないので，気をつけましょう。なお，苗字に**님**をつける呼び方は韓国では見られません。

문법 文法

문법 1　名詞 + 입니다／입니까?「~です／ですか」

입니다は日本語の「~です」にあたる表現です。입니다の疑問文は，입니다の最後の다を까に置き換えて語尾のところをあげて発音します。

~です	~ですか
입니다	입니까? ↗

A：대학생입니까?（大学生ですか）　　B：네, 대학생입니다.（はい，大学生です）

A：교사입니까?（教師ですか）　　B：교사입니다.（教師です）

연습 1　例のように書いて読んでみましょう。

친구（友達）	친구입니까?	네, 친구입니다.
(1) 일본 사람（日本人）	________	________
(2) 의사（医者）	________	________
(3) 회사원（会社員）	________	________
(4) 유나 씨（ユナさん）	________	________

문법 2　名詞 + 는／은「助詞：は」

母音終わりの名詞 + 는	저는（私は），친구는（友達は）
子音終わりの名詞 + 은	일본은（日本は），한국은（韓国は）

연습 2　例のように書いて読んでみましょう。

고향（故郷）／어디（どこ）	고향은 어디입니까?	오사카입니다.
(1) 취미（趣味）／무엇（何）	________	________
(2) 집（家）／어디（どこ）	________	________
(3) 전공（専攻）／무엇（何）	________	________
(4) 학교（学校）／어디（どこ）	________	________

문법 3　名詞 + 도「助詞：も」

도	가족도（家族も），영화도（映画も）

연습 3 例のように書いて読んでみましょう。

저（私）／대학생（大学生）　　저도 대학생입니다.

(1) 친구（友達）／일본 사람（日本人）　＿＿＿＿＿＿＿＿

(2) 여동생（妹）／회사원（会社員）　＿＿＿＿＿＿＿＿

(3) 우리（私達）／처음（はじめて）　＿＿＿＿＿＿＿＿

(4) 남동생（弟）／교사（教師）　＿＿＿＿＿＿＿＿

(5) 고향（故郷）／오사카（大阪）　＿＿＿＿＿＿＿＿

문법 4　名詞 +라고／이라고 합니다「～と申します」

母音終わりの名詞 + 라고 합니다	야마다라고 합니다.（山田と申します）
子音終わりの名詞 + 이라고 합니다	김고은이라고 합니다.（金ゴウンと申します）

연습 4 例のように書いて読んでみましょう。

오사카 미오／대학생（大学生）　오사카 미오라고 합니다.　대학생입니다.

(1) 이성일／한국 사람（韓国人）　＿＿＿＿＿＿　＿＿＿＿＿＿

(2) 야마다 마리／일본 사람（日本人）　＿＿＿＿＿＿　＿＿＿＿＿＿

(3) 김철수／회사원（会社員）　＿＿＿＿＿＿　＿＿＿＿＿＿

(4) 최고은／의사（医師）　＿＿＿＿＿＿　＿＿＿＿＿＿

(5) 自分の名前／学校　＿＿＿＿＿＿　＿＿＿＿＿＿

종합연습 総合練習

쓰기 | 日本語に倣って自己紹介を書いてみましょう。

こんにちは。

初めまして。

私は○○と申します。

出身は○○です。

趣味は○○です。

お会いできてうれしいです。

よろしくお願いいたします。

말하기 | 隣の友達と初対面の挨拶を交わしてみましょう。

学校, 家,
出身, 趣味

A: 안녕하세요.

B:

A:

B:

A:

B:

듣기 1 質問に韓国語で答えてみましょう。

1-43

(1)

(2)

(3)

(4)

(5)

듣기 2 音声を聞いて質問に答えてみましょう。

1-44

(1)

(2)

(3)

(4)

(5)

읽기：한자 읽기 漢字の読み

대【大】	대지【大地】	대기【大気】	최대【最大】
학【学】	학교【学校】	학업【学業】	과학【科学】
생【生】	생활【生活】	생명【生命】	인생【人生】

【文法編】

제2과

学習目標 **状況を説明する**

합니다体, 助詞「를／을」, 助詞「에서」, 助詞「에（位置）」, 否定形「지 않다」

학교에서 한국어 공부를 합니다.

※ 1-45　※本文会話文は、「ふつう→ゆっくり」スピードの音声が用意されています。

유타: 여보세요. 저 야마다입니다.
고은 씨, 지금 어디에 있습니까?
[읻씀니까]

고은: 학교에서 한국어 공부를 합니다.
[학꾜]
무슨 일입니까?
[무슨 니림니까]

유타: 혹시 민아 씨도 같이 공부합니까?
[혹씨] [가치]

고은: 아니요, 같이 공부하지 않습니다.
[안씀니다]

유타: 알겠습니다. 감사합니다.
[알겓씀니다] [감사암니다]

여보세요. 나 유타야.
고은아, 지금 어디 있어?

학교에서 한국어 공부해.
무슨 일이야?

혹시 민아도 같이 공부해?

아니, 같이 공부하지 않아.

알았어. 고마워.

단어와 표현 : 単語と表現

여보세요	もしもし	5級
지금	今	5級
있다	いる，ある	5級
한국어	韓国語	5級
공부하다	勉強する	5級
무슨	何の	5級
일	仕事，こと	5級
혹시	もしかして	5級
같이	一緒に	5級
아니요	いいえ	5級
알겠습니다	分かりました	5級
감사하다	感謝する	5級
고맙다	ありがたい	5級

- 있다／없다
  있다（いる，ある）と없다（いない，ない）における存在の対象（人，動植物，モノなど）を区別しません。

- 무슨 일입니까?
  慣用的な表現として，「何の用事ですか」「どうしましたか」のように，相手の意向を尋ねるときに使います。

- 알겠습니다
  「分かりましたか(알겠습니까?)」に対する丁寧な答えです(알겠습니다／알았습니다の違いは，第15課（147頁）を参照ください)。

- 감사합니다と고맙습니다
  どちらも「ありがとうございます」を意味しますが，감사합니다のほうが고맙습니다よりフォーマルな表現です。

単語 : 장소 場所

- 교실 教室 5級
- 학교 学校 5級
- 도서관 図書館 5級
- 회사 会社 5級
- 병원 病院 5級
- 은행 銀行 5級
- 우체국 郵便局 5級
- 백화점 デパート 4級
- 편의점 コンビニ 4級

한 걸음 더 Learn more　返事の仕方

日本語の「はい」にあたる表現は，**네**または**예**です。「いいえ」は，**아니요**または**아뇨**と言います。友達同士や親しい間柄では，**응**／**어**（うん）と**아니**／**아냐**（いや）が使われます。

문법 文法

문법 1　합니다体

韓国語の用言は，動詞，存在詞，形容詞，指定詞に分類されます。

動　詞	하다（する），먹다（食べる），만들다（作る）など
存在詞	있다（いる，ある），없다（いない，ない），계시다（いらっしゃる）
形容詞	크다（大きい），춥다（寒い），귀엽다（可愛い）など
指定詞	名詞＋이다（～だ），아니다（～ではない）

用言の基本形は，すべて語尾**다**で終わります。語尾**다**を除いた部分を語幹と言いますが，語幹の最後が母音で終わるものを母音語幹，子音で終わるものを子音語幹，そして**ㄹ**終声で終わるものを**ㄹ**語幹と言います。

하 母音語幹	다 語尾	먹 子音語幹	다 語尾	만들 ㄹ語幹	다 語尾

日本語の「～です／ます」にあたるフォーマルな丁寧形を**합니다**体と言い，母音語幹には，**ㅂ니다**を，子音語幹には**습니다**を，そして，**ㄹ**語幹には，**ㄹ**を脱落させてから**ㅂ니다**をつけます。疑問文は，**ㅂ니다**／**습니다**を**ㅂ니까?**／**습니까?**に置き換えます。

活用	用言／語幹		합니다体
母音語幹 ＋ ㅂ니다	하다（する）	하	**합니다**（します）
子音語幹 ＋ 습니다	먹다（食べる）	먹	**먹습니다**（食べます）
ㄹ語幹【ㄹ脱落】 ＋ ㅂ니다	만들다（作る）	만들	**만듭니다**（作ります）

연습 1　例のように합니다体に変えましょう。

만나다（会う）	만납니까?	네, 만납니다.
(1) 가다（行く）	＿＿＿＿	＿＿＿＿
(2) 좋다（良い）	＿＿＿＿	＿＿＿＿
(3) 놀다（遊ぶ）	＿＿＿＿	＿＿＿＿
(4) 있다（いる，ある）	＿＿＿＿	＿＿＿＿
(5) 학생이다（学生だ）	＿＿＿＿	＿＿＿＿

제2과

문법 2　名詞 + 를/을「助詞：を」

母音終わりの名詞 + 를	한국어를 (韓国語を), 영화를 (映画を)
子音終わりの名詞 + 을	무엇을 (何を), 음악을 (音楽を)

연습 2 例のように書いて読んでみましょう。

먹다 (食べる) /밥 (ご飯)　무엇을 먹습니까?　밥을 먹습니다.

(1) 듣다 (聞く) /노래 (歌)　______　______

(2) 마시다 (飲む) /물 (水)　______　______

(3) 읽다 (読む) /책 (本)　______　______

(4) 보다 (見る) /사진 (写真)　______　______

(5) 만들다 (作る) /요리 (料理)　______　______

(6) 배우다 (習う) /일 (仕事)　______　______

문법 3　名詞 + 에서「助詞：で」

에서	어디에서 (どこで), 병원에서 (病院で)

연습 3 例のように書いて読んでみましょう。

사다 (買う) /편의점 (コンビニ)　어디에서 삽니까?　편의점에서 삽니다.

(1) 만나다 (会う) /역 (駅)　______　______

(2) 만들다 (作る) /집 (家)　______　______

(3) 배우다 (習う) /학교 (学校)　______　______

(4) 먹다 (食べる) /식당 (食堂)　______　______

(5) 놀다 (遊ぶ) /교실 (教室)　______　______

(6) 하다 (する) /병원 (病院)　______　______

(7) 듣다 (聞く) /도서관 (図書館)　______　______

문법 文法

문법 4　名詞 ＋ 에「助詞：に」

에	어디에 (どこに), 도서관에 (図書館に)

연습 4 例のように書いて読んでみましょう。

어디 (どこ) ／학교 (学校)　　어디에 있습니까?　학교에 있습니다.

(1) 어디 (どこ) ／집 (家)　＿＿＿＿　＿＿＿＿

(2) 어디 (どこ) ／도서관 (図書館)　＿＿＿＿　＿＿＿＿

(3) 역 (駅) ／병원 (病院)　＿＿＿＿　아니요,＿＿＿＿

(4) 교실 (教室) ／편의점 (コンビニ)　＿＿＿＿　아니요,＿＿＿＿

문법 5　語幹 ＋ 지 않다「否定形」

動詞・存在詞・形容詞の否定形は，語幹+지 않다をつけます。가지 않다の語幹末は않のため，합니다体は，습니다がつきます。疑問文は다を까?に変えます。

語幹 ＋ 지 않다	가지 않다 (行かない) → 가지 않습니다 (行きません) 먹지 않다 (食べない) → 먹지 않습니다 (食べません)

※있다 (いる，ある) の否定形は，있지 않다となりますが，없다 (いない，ない) のほうがより使われます。

연습 5 助詞の使い分けに注意しながら，書いて読んでみましょう。

도쿄 (東京) ／춥다 (寒い)　　도쿄는 춥습니까?　아니요, 춥지 않습니다.

(1) 책 (本) ／사다 (買う)　＿＿＿＿　＿＿＿＿

(2) 요리 (料理) ／맵다 (辛い)　＿＿＿＿　＿＿＿＿

(3) 집 (家) ／공부하다 (勉強する)　＿＿＿＿　＿＿＿＿

(4) 학교 (学校) ／있다 (いる)　＿＿＿＿　＿＿＿＿

종합연습 総合練習

쓰기 質問に対する答えを書いてみましょう。

(1) 보통 어디에서 공부합니까? ______

(2) 주말은 보통 무엇을 합니까? ______

(3) 커피를 자주 마십니까? ______

(4) 아르바이트를 합니까? ______

(5) 지금 어디에 있습니까? ______

말하기 隣の友達に質問してみましょう。そして，その内容をまとめましょう。

質問	韓国語	答
(1) どこに住んでいますか。		
(2) アルバイトをしていますか。		
(3) よく運動していますか。		
(4) 韓国語は面白いですか。		
(5) その他		

______ 씨는 ______

종합연습 総合練習

듣기 1 質問に韓国語で答えてみましょう。

1-46

(1) ______________________________

(2) ______________________________

(3) ______________________________

(4) ______________________________

(5) ______________________________

듣기 2 音声を聞いて質問に答えてみましょう。

1-47

(1) ______________________________

(2) ______________________________

(3) ______________________________

(4) ______________________________

(5) ______________________________

읽기 : 한자 읽기 漢字の読み

국【国】	국민【国民】	국가【国家】	중국【中国】
어【語】	어학【語学】	언어【言語】	용어【用語】

꿀팁　朝鮮半島（観光名所とグルメ）

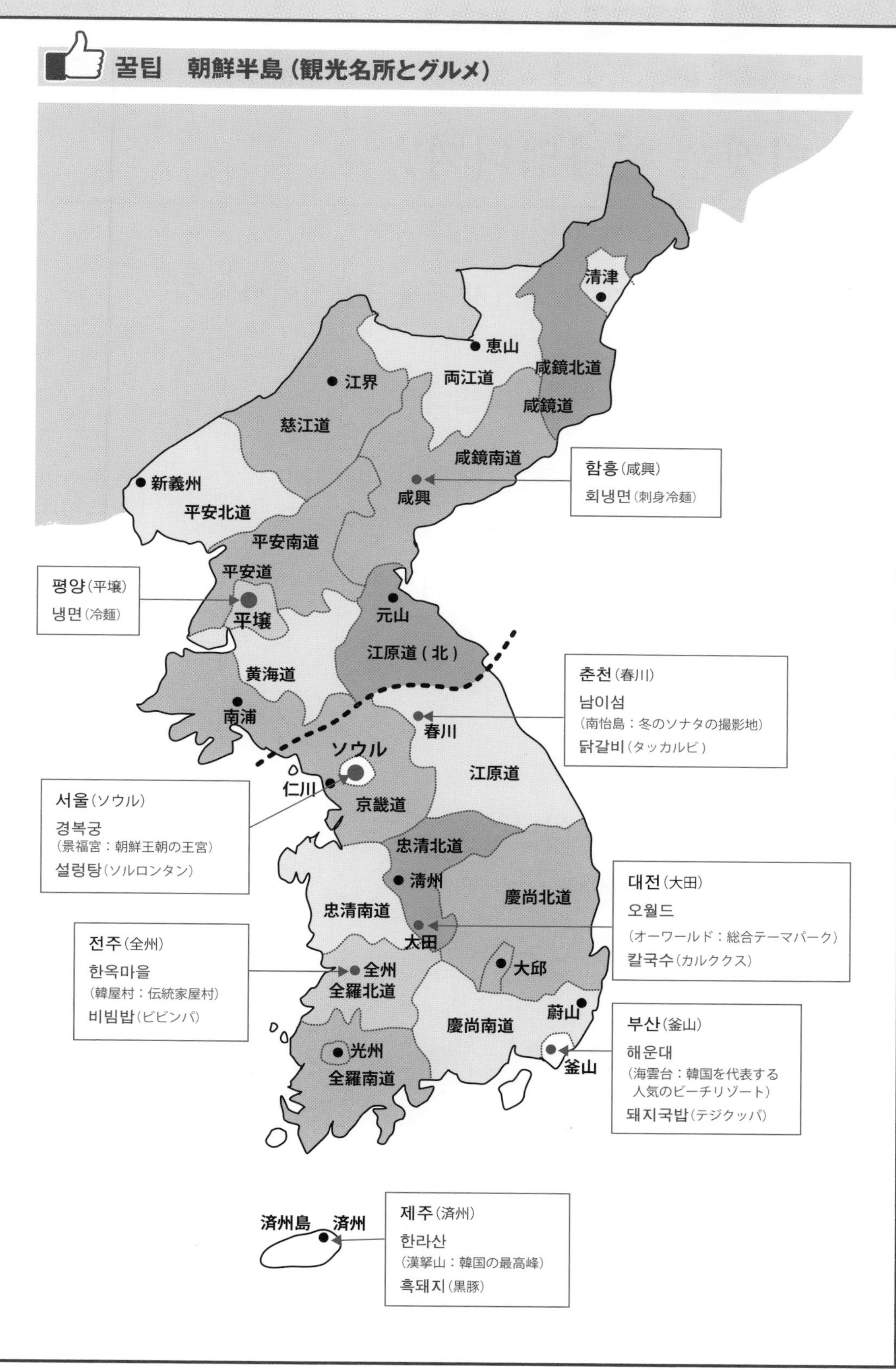

清津
恵山
咸鏡北道
両江道
江界
咸鏡道
慈江道
咸鏡南道
함흥（咸興）
회냉면（刺身冷麺）
新義州
咸興
平安北道
平安南道
平安道
평양（平壌）
냉면（冷麺）
平壌
元山
江原道（北）
黄海道
춘천（春川）
남이섬
（南怡島：冬のソナタの撮影地）
닭갈비（タッカルビ）
南浦
春川
ソウル
江原道
仁川
京畿道
서울（ソウル）
경복궁
（景福宮：朝鮮王朝の王宮）
설렁탕（ソルロンタン）
忠清北道
清州
대전（大田）
오월드
（オーワールド：総合テーマパーク）
칼국수（カルククス）
忠清南道
慶尚北道
大田
전주（全州）
한옥마을
（韓屋村：伝統家屋村）
비빔밥（ビビンパ）
全州
全羅北道
大邱
蔚山
慶尚南道
부산（釜山）
해운대
（海雲台：韓国を代表する
人気のビーチリゾート）
돼지국밥（テジクッパ）
光州
全羅南道
釜山
済州島
済州
제주（済州）
한라산
（漢拏山：韓国の最高峰）
흑돼지（黒豚）

【文法編】

제3과

学習目標 **買い物をする**

指示語, 助詞「가/이」, 助詞「와/과」, 漢数詞, 가/이 아닙니다

티켓은 얼마입니까?

※本文会話文は、「ふつう→ゆっくり」スピードの音声が用意されています。

1-48

유타: 저~, 죄송합니다만, 여기가 서울극장입니까?
[죄송암니다만] [극짱임니까]

고은: 아니요, 여기는 극장이 아닙니다.
[아님니다]

극장은 저 백화점 5층과 6층에 있습니다.
[배콰점] [읻씀니다]

유타: 그러면, 몇 층에서 티켓을 팝니까?
[면층] [티케슬] [팜니까]

고은: 티켓은 5층에서 팝니다.
[티케슨]

유타: 티켓은 얼마입니까?

고은: 아마 8,000원 정도입니다.

유타: 알겠습니다. 고맙습니다.
[고맙씀니다]

저, 미안한데, 여기가 서울극장이야?

아니, 여긴 극장이 아니야. 극장은 저 백화점 5층과 6층에 있어.

그럼, 몇 층에서 영화표 팔아?

영화표는 5층에서 팔아.

영화표는 얼마야?

아마 8,000원 정도야.

알았어. 고마워.

단어와 표현：単語と表現

저~	あの	5級
죄송합니다	すみません	5級
여기	ここ	5級
극장	劇場	4級
층	階	5級
그러면	それなら，では	5級
몇 층	何階	5級
팔다	売る	5級
티켓	チケット	4級
얼마	いくら	5級
아마	多分	4級
정도	程度	4級

● 죄송합니다만 (すみませんが)
人に声をかけるときに，日本語と同様に죄송합니다만／미안합니다만と言いますが，여기요または，저기요も使われます。여기は，「ここ」を，저기は，「あそこ」を意味します。ゆえに，여기요が，自分のところに焦点が置かれた呼びかけに対し，저기요は，相手のところに焦点が置かれた呼びかけとなります。もちろん，語尾を伸ばして，저~（あの~）という呼びかけもあります。

● 티켓 (チケット)
티켓は，표とも言います。표は，「切符」「券」「票」「札」「表」という意味があります。
- 영화표 (映画のチケット)
- 전철표 (電車の切符)
- 투표 (投票)
- 입장표 (入場券)
- 가격표 (値札)
- 표를 만들다 (表を作る)

제 3 과

単語：위치 位置

● 위 上 5級　● 아래 下 5級　● 오른쪽 右側 4級　● 왼쪽 左側 4級
● 앞 前 5級　● 뒤 後ろ 5級　● 옆 横 5級　● 사이 間 4級
● 밖 外 5級　● 안 中 5級　● 근처 近く 4級　● 가운데 真ん中 4級

한 걸음 더 Learn more　助詞의

日本語の助詞「の」は，**의**ですが，韓国語では，省略されるものが多いです。助詞として用いられるときは，[**에**]と発音します。そして，「私の」は**나의**が縮約され**내**となり，**저의**は，**제**となります(**내**／**제 것입니다**：私の物です)。

친구의 친구　[친구에 친구]　友達の友達　　오빠의 사진　[오빠에 사진]　兄の写真

なお，位置関係を表す場合は，通常，省略されます。

집 앞　家の前　　책상 위　机の上

문법 文法

문법 1　指示語

指示語이／그／저／어느に것（もの／こと）をつけてものを指します。そして，곳（所）は，場所を表しますが，会話では여기／거기／저기／어디のほうが使われます。쪽（側）は，方向を表します。

指示語	もの	場所	方向
이　この	이것	여기／이곳	이쪽
그　その	그것	거기／그곳	그쪽
저　あの	저것	저기／저곳	저쪽
어느　どの	어느 것	어디／어느 곳	어느 쪽

연습 1 例のように書いて読んでみましょう。

A: 이것（これ）／무엇（何）　　이것은 무엇입니까?

B: 그것（それ）／책（本）　　그것은 책입니다.

(1) A: 여기（ここ）／어디（どこ）　______

B: 여기（ここ）／은행（銀行）　______

(2) A: 저것（あれ）／무엇（何）　______

B: 저것（あれ）／시계（時計）　______

(3) A: 이 사람（この人）／누구（誰）　______

B: 이 사람（この人）／제 오빠（私の兄）　______

(4) A: 그것（それ）／무엇（何）　______

B: 이것（これ）／커피（コーヒー）　______

(5) A: 난바（難波）／어느 쪽（どちら）　______

B: 난바（難波）／이쪽（こちら）　______

(6) A: 집（家）／어디（どこ）　______

B: 집（家）／저기（あそこ）　______

문법 2　名詞 + 가／이「助詞：が」

母音終わりの名詞 + 가	누나가 (姉が)，오빠가 (兄が)
子音終わりの名詞 + 이	이름이 (名前が)，약속이 (約束が)

※「私が」は，나가と저가ではなく내가と제가となります。

연습 2　例のように書いて読んでみましょう。

약속 (約束)　약속이 있습니다.　약속이 없습니다.

(1) 시간 (時間) ＿＿＿＿＿＿ ＿＿＿＿＿＿

(2) 친구 (友達) ＿＿＿＿＿＿ ＿＿＿＿＿＿

(3) 여동생 (妹) ＿＿＿＿＿＿ ＿＿＿＿＿＿

(4) 남동생 (弟) ＿＿＿＿＿＿ ＿＿＿＿＿＿

문법 3　名詞 + 와／과「助詞：と」

母音終わりの名詞 + 와	친구와 선생님 (友達と先生)
子音終わりの名詞 + 과	빵과 우유 (パンと牛乳)
하고 (話し言葉)	친구하고 선생님 (友達と先生)

연습 3　助詞の使い分けに注意しながら会話を完成させましょう。

A: 무엇을 먹습니까?　B: 우유와 빵을 먹습니다.

(1) A: 무엇 (何)／사다 (買う)　B: 물 (水)／커피 (コーヒー)

(2) A: 무엇 (何)／있다 (ある)　B: 가방 (カバン)／책상 (机)

(3) A: 어디 (どこ)／있다 (ある)　B: 학교 (学校)／집 (家)

(4) A: 어디 (どこ)／하다 (する)　B: 도쿄 (東京)／오사카 (大阪)

문법 文法

문법 4　漢数詞

日本語の「いち，に…」にあたる数詞を漢数詞と言います。

1	2	3	4	5	6	7	8	9	10
일	이	삼	사	오	육	칠	팔	구	십

11	12	13	14	15	16	17	18	19	20
십일	십이	십삼	십사	십오	십육	십칠	십팔	십구	이십

百	千	万	億	ゼロ
백	천	만	억	영／공

※ 십육は，「십＋육」の合成語のため，［십뉵（ㄴ挿入）］→［심뉵（鼻音化）］となります。
※ 主に電話番号の場合は，공（ゼロ）を使います。
※ 1万は，通常일をつけず，만と言います。その他は，日本語と同じです。12,000원「만 이천 원」（○）／「일만 이천 원」（×）

以下は，漢数詞で読みます。

- …년　～年　이천십구 년（2019年）
- …월　～月　십이 월（12月）※유 월（6月），시 월（10月）
- …일　～日　팔 일（8日）　이십삼 일（23日）
- …분　～分　칠 분（7分）　사십육 분（46分）
- …초　～秒　삼십팔 초（38秒）　오십구 초（59秒）
- …원　～ウォン　육백사십이 원（642ウォン）
- …층　～階　육 층（6階）　십구 층（19階）
- …학년　～年生　일 학년（1年生）　육 학년（6年生）
- …電話番号　공구공의［에］일이삼사의［에］오육칠팔（090−1234−5678）

※몇 년（何年），몇 월（何月），며칠（何日），몇 개（何個），몇 장（何枚）のように，「何」にあたるのは，몇です。ただし，「何日」は몇 일ではなく，며칠と言います。なお，漢数詞と助数詞の間は，基本的に分かち書きをします。

연습 4　次の漢数詞をハングルで書いてみましょう。

(1) 8월 31일 ＿＿＿＿＿＿＿＿　(2) 1987년 ＿＿＿＿＿＿＿＿

(3) 24층 ＿＿＿＿＿＿＿＿　(4) 13,500원 ＿＿＿＿＿＿＿＿

(5) 생년월일（生年月日）＿＿＿＿＿＿＿＿＿＿＿＿＿＿＿＿

문법 5　名詞 + 가／이 아닙니다「～ではありません」

母音終わりの名詞 + 가 아닙니다	교사가 아닙니다.（教師ではありません）
子音終わりの名詞 + 이 아닙니다	학생이 아닙니다.（学生ではありません）

※ 疑問文は，아닙니다を아닙니까?に変えます。

제3과

연습 5 例のように書いて読んでみましょう。

고등학생（高校生）　고등학생입니까?　아뇨，고등학생이 아닙니다.

(1) 회사원（会社員）　＿＿＿＿＿＿　아뇨，＿＿＿＿＿＿

(2) 의사（医者）　＿＿＿＿＿＿　아뇨，＿＿＿＿＿＿

(3) 교사（教師）　＿＿＿＿＿＿　아뇨，＿＿＿＿＿＿

(4) 한국사람（韓国人）　＿＿＿＿＿＿　아뇨，＿＿＿＿＿＿

(5) 친구（友達）　＿＿＿＿＿＿　아뇨，＿＿＿＿＿＿

(6) 가족（家族）　＿＿＿＿＿＿　아뇨，＿＿＿＿＿＿

(7) 처음（はじめて）　＿＿＿＿＿＿　아뇨，＿＿＿＿＿＿

学習ノート

종합연습 総合練習

쓰기 質問に対する答えを書いてみましょう。

(1) 생일은 언제입니까? ______________________

(2) 여기는 어디입니까? ______________________

(3) 옆에 무엇이 있습니까? ______________________

(4) 회사원입니까? ______________________

(5) 부모님과 같이 삽니까? ______________________

말하기 友達に説明してみましょう。

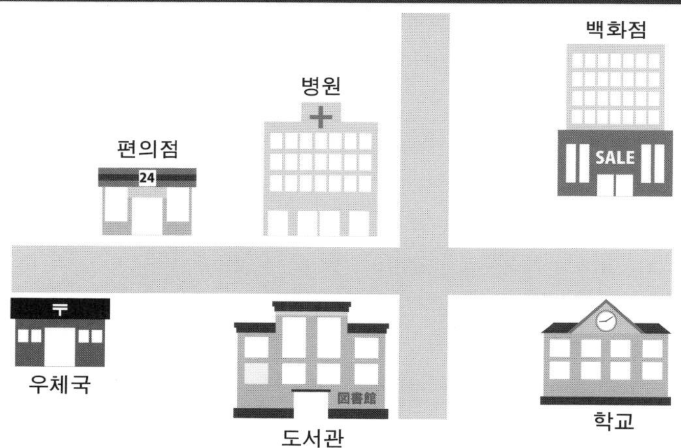

유타 : 죄송합니다만, ____________는／은 어디에 있습니까?

고은 : ____________는／은 ______ ______에 있습니다.

유타 : 그러면, ______ ______에 무엇이 있습니까?

고은 : ______ ______에는 __________와／과 __________가／이 있습니다.

듣기 1 質問に韓国語で答えてみましょう。

1-49

(1)

(2)

(3)

(4)

(5)

듣기 2 音声を聞いて質問に答えてみましょう。

1-50

(1)

(2)

(3)

(4)

읽기 : 한자 읽기 漢字の読み

영【映】	영상【映像】	상영【上映】	투영【投影】
화【画】	화가【画家】	화면【画面】	만화【漫画】

【文法編】
제 4 과

学習目標 **予定を述べる 1**

固有数詞, 助詞「에 (時間)」, 助詞「에 (方向)」,
助詞「에서／부터～까지」, 否定形「안」, 를／을 좋아합니다

오전 9시부터 오후 3시까지 알바합니다.

1-51 ※ ※本文会話文は、「ふつう→ゆっくり」スピードの音声が用意されています。

유타: 내일 바쁩니까?
[바쁨니까]

고은: 아니요, 그렇게 안 바쁩니다.
[그러케]
하지만 오전 9시부터 오후 3시까지 아르바이트를 합니다.
왜요?

유타: 오후 5시부터 철수 씨하고 노래방에 갑니다.
[감니다]
철수 씨는 매우 노래방을 좋아합니다. 혹시 같이 어떻습니까?
[조아암니다] [어떠씀니까]

고은: 아～, 죄송합니다.
6시에 남동생과 약속이 있습니다.
[약쏘기]

내일 바빠?

아니, 그렇게 안 바빠.
하지만 오전 9시부터 오후
3시까지 알바해.
왜?

오후 5시부터 철수하고
노래방에 가(거든).
철수는 노래방을 매우
좋아해. 혹시 같이 어때?

아～, 미안. 6시에 남동생하고
약속이 있어.

단어와 표현：単語と表現

내일	明日	5級
바쁘다	忙しい	5級
그렇게	そんなに	4級
하지만	しかし	5級
오전	午前	5級
시	時	5級
오후	午後	5級
왜요?	なぜですか	5級
노래방	カラオケ	4級
매우	とても	4級
좋아하다	好きだ	5級
어떻다	どうだ	3級

● 오전（午前）／오후（午後）
時間を表すとき，日本語では「午後3時」を「15時」とする場合が多いですが，韓国語では，오전／오후または아침（朝）／저녁（夕方）をつけるか，単に「3時」のように，時間だけで示す場合が多いです。

● 왜요?
왜は，「どうして」「なぜ」「なんで」を意味する副詞で，왜요?は，「どうしてですか」「なぜですか」を意味します。友達同士では，왜?と言います。

● 어떻습니까?
相手の意向を尋ねる際に使われる表現です。丁寧体は，어떻습니까?／어때요?（どうですか）となり，尊敬形は，어떠세요?（いかがですか）となります。

● 아르바이트
会話では、아르바이트を알바とも言います。

単語：월 月

5級

1月	2月	3月	4月	5月	6月
일월	이월	삼월	사월	오월	유월

7月	8月	9月	10月	11月	12月
칠월	팔월	구월	시월	십일월	십이월

単語：요일 曜日

5級

月曜日	火曜日	水曜日	木曜日	金曜日	土曜日	日曜日
월요일	화요일	수요일	목요일	금요일	토요일	일요일

문법 文法

문법 1 固有数詞

固有数詞は，日本語の「一つ，二つ…」にあたる数詞ですが，99まで数えることができます（100からは漢数詞で数えます）。

1	2	3	4	5	6	7	8	9	10
하나	둘	셋	넷	다섯	여섯	일곱	여덟	아홉	열

20	30	40	50	60	70	80	90
스물	서른	마흔	쉰	예순	일흔	여든	아흔

	1	2	3	4	20
基本形	하나	둘	셋	넷	스물
連体形	한	두	세	네	스무

※ 1～4, 20の後ろに助数詞がつくと形が変わるので，注意しましょう。
한 살（1歳）　열두 살（12歳）　스무 살（20歳）　스물세 살（23歳）

固有数詞で数える主な助数詞は以下のようなものがあります。なお，漢数詞と同様に，固有数詞と助数詞の間は，基本的に分かち書きをします。

- 개（個）
- 시（時）
- 시간（時間）
- 달（カ月）
- 사람（人）
- 명（名）
- 분（方）
- 번（回）
- 장（枚）
- 마리（匹）
- 대（台）
- 권（冊）
- 병（瓶）
- 잔（杯）

注意！

漢 년	漢 월	漢 일	固 시	漢 분	漢 초
이천이십일 년	유월	십구 일	열한 시	사십칠 분	오십팔 초

연습 1 ハングルで書いてみましょう。

（1）12개 ＿＿＿＿＿＿＿＿　（2）4명 ＿＿＿＿＿＿＿＿

（3）97살 ＿＿＿＿＿＿＿＿　（4）21살 ＿＿＿＿＿＿＿＿

（5）오늘 날짜（今日の日付）＿＿＿＿＿＿＿＿

문법 2　名詞（時間）＋ 에「助詞：に」

에	열한 시에（11時に），오후에（午後に）

연습 2 助詞の使い分けに注意しながら会話を完成させましょう。

A: 약속은 언제입니까?　　B: 은행 앞에서 열두 시에 있습니다.

（1） A: 언제（いつ）／만나다（会う）　　B: 역（駅）／9시（9時）

（2） A: 몇 시（何時）／하다（する）　　B: 학교（学校）／오전（午前）

（3） A: 언제（いつ）／가다（行く）　　B: 친구（友達）／3시（3時）

（4） A: 어디（どこ）／기다리다（待つ）　　B: 도서관（図書館）／11시（11時）

（5） A: 몇 시（何時）／공부하다（勉強する）　　B: 교실（教室）／12시（12時）

제 4 과

문법 3　名詞（場所）＋ 에「助詞：に・へ」

에	도서관에 갑니다.（図書館に行きます）

※ 動作の目的を表すために에の代わりに를／을が使われる場合もあります。
친구와 등산을 갑니다.（友達と登山に行きます）

연습 3 助詞の使い分けに注意しながら会話を完成させましょう。

A: 어디에 갑니까?　　B: 친구와 은행에 갑니다.

（1） A: 어디（どこ）　　B: 남동생（弟）／여행（旅行）

（2） A: 언제（いつ）　　B: 3시（3時）／병원（病院）

（3） A: 누구（誰）　　B: 가족（家族）／교토（京都）

（4） A: 언제（いつ）　　B: 일요일（日曜日）／서울（ソウル）

（5） A: 며칠（何日）　　B: 19일（19日）／오사카（大阪）

문법 文法

문법 4　名詞 ＋ 에서／부터 ～ 까지「助詞：から～まで」

에서 ～ 까지 （場所）	집에서 학교까지（家から会社まで）
부터 ～ 까지 （時間）	한 시부터 네 시까지（1時から4時まで）

연습 4　助詞の使い分けに注意しながら例のように書いて読んでみましょう。

학교（学校）／집（家）／1시간（1時間）／걸리다（かかる）
학교에서 집까지 1시간이 걸립니다.

(1) 일본（日本）／한국（韓国）／2시간（2時間）／걸리다（かかる）

(2) 4시（4時）／6시（6時）／수업（授業）／있다（ある）

(3) 가게 앞（店の前）／역（駅）／손님（客）／기다리다（待つ）

(4) 월요일（月曜日）／목요일（木曜日）／매일（毎日）／일하다（働く）

문법 5　안 ＋ 用言「否定形」

否定形は，第2課で勉強した語幹+지 않다と，もう一つ，안+用言という形の否定形があります。

안 + 用言	안 가다（行かない） → 안 갑니다（行きません） 안 먹다（食べない） → 안 먹습니다（食べません）

※「名詞+する」の形の動詞の場合は，안 공부하다（勉強しない）ではなく공부 안 하다となります。つまり，名詞を否定するのではなく，하다（する）を否定するということに注意しましょう。（注意：名詞 안 하다（○）／안+名詞하다（×））

연습 5　助詞の使い分けに注意しながら例のように書いて読んでみましょう。

내일（明日）／오다（来る）　　내일도 옵니까? 아뇨, 내일은 안 옵니다.

(1) 이것（これ）／사다（買う）　＿＿＿＿＿＿＿＿

(2) 매일（毎日）／청소하다（掃除する）　＿＿＿＿＿＿＿＿

(3) 한국어（韓国語）／어렵다（難しい）　＿＿＿＿＿＿＿＿

(4) 집（家）／공부하다（勉強する）　＿＿＿＿＿＿＿＿

문법 6　名詞 ＋ 를／을 좋아합니다「～が好きです」

日本語の「～が好きです／嫌いです」は，名詞＋를／을 **좋아합니다／싫어합니다**となります。

를／을 좋아하다 (～が好きだ)	영화를 좋아합니다. (映画が好きです)
를／을 싫어하다 (～が嫌いだ)	수학을 싫어합니다. (数学が嫌いです)

연습 6　例のように書いて読んでみましょう。

A: 무슨 노래를 좋아합니까?　　B: 일본 노래를 좋아합니다.

(1) A: 요리 (料理)　　B: 한국 요리 (韓国料理)

(2) A: 스포츠 (スポーツ)　　B: 축구 (サッカー)

(3) A: 수업 (授業)　　B: 음악 수업 (音楽の授業)

(4) A: 과일 (果物)　　B: 사과 (リンゴ)

学習ノート

종합연습 総合練習

쓰기 質問に対する答えを書いてみましょう。

(1) 지금 몇 시 몇 분입니까? ________________

(2) 보통 주말은 어디에 갑니까? ________________

(3) 무슨 요리를 좋아합니까? ________________

(4) 집에서 학교까지 얼마나 걸립니까? ________________

(5) 매일 청소합니까? ________________

(6) 몇 시부터 몇 시까지 잡니까? ________________

말하기 スケジュールを見て友達に説明してみましょう。

6월 스케줄

일	월	화	수	목	금	토
	1	2 고은, 생일	3	4	5	6 아르바이트
7 아르바이트	8	9	10	11 영어 시험	12	13 아르바이트
14 아르바이트	15	16	17 유타, 영화	18	19	20 아르바이트
21 아르바이트	22	23 ←	24	25 범준, 한국여행	26 →	27
28	29	30				

듣기 1 質問に韓国語で答えてみましょう。

1-52

(1)

(2)

(3)

(4)

(5)

듣기 2 音声を聞いて質問に答えてみましょう。

1-53

(1)

(2)

(3)

(4)

읽기：한자 읽기 漢字の読み

전【前】	오전【午前】	전반【前半】	식전【食前】
후【後】	오후【午後】	후반【後半】	식후【食後】

【文法編】

제5과

学習目標 予定を述べる2

해요体, 예요／이에요(가／이 아니에요), 助詞「로／으로 (手段)」, 助詞「보다」, 助詞のずれ

다음 달부터 여름방학이에요.

※ 1-54

※本文会話文は、「ふつう→ゆっくり」スピードの音声が用意されています。

유타: 다음 달부터 여름방학이에요. 그래서 동생하고 제주도에 가요.

고은: 동생도 대학생이에요?
[대학쌩]

유타: 아뇨, 대학생이 아니에요. 회사원이에요.
[회사워니에요]

고은: 그런데, 제주도는 어떻게 가요?
[어떠케]

유타: 저와 동생은 비행기보다 배를 좋아해요. 그래서 배로 가요.

고은: 좋겠다.
[조켄따]

다음 달부터 여름방학이야.
그래서 동생하고 제주도 가.

동생도 대학생이니?

아니, 대학생이 아니야.
회사원이야.

근데, 제주도는 어떻게 가?

나하고 동생은 비행기보다
배를 좋아해. 그래서 배로 가.

좋겠다.

 단어와 표현：単語と表現

다음 달	来月	5級
여름	夏	5級
방학	休み	4級
그래서	それで	5級
동생	弟，妹	5級
그런데	ところで，ところが	5級
어떻게	どうやって，どのように	5級
비행기	飛行機	5級
배	船	5級
좋겠다	いいなぁ	3級

● 방학と쉬는 날
방학は，学校の長期休みだけを意味し，一般的な休みは，쉬는 날と言います。韓国の大学は，3月に学期が始まるため，夏休みは6月下旬～8月となり，冬休みは，12月下旬～2月までとなります。

● 좋아하다（好きだ）／좋다（好きだ/いい）
両方とも「好きだ」という意味です。しかし，以下の違いがあります。
・名詞＋를／을 좋아하다
・名詞＋가／이 좋다
ということで，助詞の使い分けに注意しましょう。

● 좋겠다
うらやましい気持ちを表します。丁寧に言うときは，좋겠네요（いいですね）となります。

제 5 과

単語：때 時

5級

昨日	今日	明日	先週	今週	来週
어제	오늘	내일	지난주	이번 주	다음 주

先月	今月	来月	昨年	今年	来年
지난달	이번 달	다음 달	작년	올해	내년

単語：계절 季節

5級

春	夏	秋	冬
봄	여름	가을	겨울

単語：교통 交通

- 전철 電車 5級
- 버스 バス 5級
- 택시 タクシー 5級
- 자전거 自転車 4級
- 지하철 地下鉄 5級
- 차 車 5級
- 비행기 飛行機 5級
- 배 船 5級
- 기차 汽車 5級

문법 文法

문법 1 해요体

韓国語の丁寧体には，以前，学習した**합니다**体と，もう一つ**해요**体があります。**합니다**体は，会議や演説などといった公的な場面で多く使われ，改まった印象を与えます。一方，**해요**体は，日常生活の場面で使われ，打ち解けた印象を与えます。二つの表現の使い分けは，人によって多様であり，また，状況によっては混合使用も多く見られます。

1. 語尾の다を取ります。

- 앉다（座る） → 앉
- 높다（高い） → 높
- 먹다（食べる） → 먹
- 신다（履く） → 신

2. 語幹末の母音（陽母音／陰母音）を確認します。

陽母音（ㅏ・ㅗ）の場合は，**아요**をつけます。

- 앉【ㅏ】 → 앉아요（座ります）
- 높【ㅗ】 → 높아요（高いです）

陰母音（ㅏ・ㅗ以外）の場合は，**어요**をつけます。

- 먹【ㅓ】 → 먹어요（食べます）
- 신【ㅣ】 → 신어요（履きます）

3. 하다がつく用言は，여요をつけますが，하여요は，해요と縮約されます。

- 공부하다 → 공부하여요 → 공부해요（勉強します）

陽母音 ＋ 아요	앉다 → 앉【ㅏ】＋ 아요	앉아요（座ります）
陰母音 ＋ 어요	먹다 → 먹【ㅓ】＋ 어요	먹어요（食べます）
하다 → 해요	말하다 → 말【하다】＋ 해요	말해요（話します）

해요体は，イントネーションや文脈によって，平叙，疑問，勧誘，丁寧な依頼などの意味を併せ持ちます。さらに，**해요**体において**요**をとると，友達同士で使うタメ口になります。

- 무엇을 먹어요?（何を食べますか）
- 밥을 먹어요.（ご飯を食べます）
- 같이 먹어요.（一緒に食べましょう）
- 빨리 먹어요.（早く食べてください）

そして，母音語幹で終わるものは，以下のように縮約が起こります。

					例
ㅏ	+	아요	=	ㅏ요	가다（行く） 가아요 → 가요 사다（買う） 사아요 → 사요
ㅓ	+	어요	=	ㅓ요	서다（立つ） 서어요 → 서요 건너다（渡る） 건너어요 → 건너요
ㅕ	+	어요	=	ㅕ요	펴다（広げる） 펴어요 → 펴요 켜다（点ける） 켜어요 → 켜요
ㅐ	+	어요	=	ㅐ요	매다（結ぶ） 매어요 → 매요 보내다（送る） 보내어요 → 보내요
ㅔ	+	어요	=	ㅔ요	세다（数える） 세어요 → 세요 메다（担ぐ） 메어요 → 메요
ㅣ	+	어요	=	ㅕ요	마시다（飲む） 마시어요 → 마셔요 보이다（見える） 보이어요 → 보여요
ㅗ	+	아요	=	ㅘ요	오다（来る） 오아요 → 와요 보다（見る） 보아요 → 봐요
ㅜ	+	어요	=	ㅝ요	주다（あげる） 주어요 → 줘요 배우다（習う） 배우어요 → 배워요
ㅚ	+	어요	=	ㅙ요	되다（なる） 되어요 → 돼요

제 5 과

문법 文法

연습 1 次の表を完成させてみましょう。

原型	意味	語幹	陽／陰	平叙文	疑問文
읽다			陽／陰		
좋다			陽／陰		
놀다			陽／陰		
없다			陽／陰		
비싸다			陽／陰		
서다			陽／陰		
켜다			陽／陰		
끝내다			陽／陰		
세다			陽／陰		
기다리다			陽／陰		
보다			陽／陰		
나누다			陽／陰		
되다			陽／陰		
배우다			陽／陰		
걸리다			陽／陰		
오다			陽／陰		
보내다			陽／陰		
일하다			하다		
청소하다			하다		

문법 2　名詞 ＋ 예요／이에요「名詞の해요体」

母音終わりの名詞 ＋ 예요	제 친구예요.(私の友達です)
子音終わりの名詞 ＋ 이에요	저는 대학생이에요.(私は大学生です)

そして，否定形の해요体は，名詞＋가／이 아니에요となります。

母音終わりの名詞 ＋ 가 아니에요	교사가 아니에요.(教師ではありません)
子音終わりの名詞 ＋ 이 아니에요	학생이 아니에요.(学生ではありません)

연습 2　例のように会話を完成させましょう。

A: 고등학생이에요?　　B: 아뇨, 고등학생이 아니에요. 대학생이에요.

(1) A: 친구(友達)　　B: 선배(先輩)

(2) A: 3학년(3年生)　　B: 2학년(2年生)

(3) A: 오늘(今日)　　B: 내일(明日)

(4) A: 이번 주(今週)　　B: 다음 주(来週)

문법 3　名詞(手段・方法)＋ 로／으로「助詞：で」

母音／ㄹ終わりの名詞＋ 로	버스로(バスで)，전철로(電車で)
子音終わりの名詞 ＋ 으로	손으로(手で)，무엇으로(何で)

※「歩いて行きます」は，걸어서 가요となります。

연습 3　例のように会話を完成させましょう。

A: 학교까지 어떻게 가요?　　B: 자전거로 가요.

(1) A: 집(家)　　B: 지하철(地下鉄)

(2) A: 회사(会社)　　B: 택시(タクシー)

(3) A: 한국(韓国)　　B: 배(船)

(4) A: 미국(アメリカ)　　B: 비행기(飛行機)

문법 文法

문법 4　名詞 ＋ 보다「助詞：より」

보다	야구보다 축구를 좋아해요.（野球よりサッカーが好きです）

연습 4　助詞の使い分けに注意しながら例のように書いて読んでみましょう。

집／도서관／공부하다　　집보다 도서관에서 공부해요.

(1) 공부（勉強）／운동（運動）／좋아하다（好きだ）　＿＿＿＿＿＿＿＿

(2) 음악（音楽）／영화（映画）／보다（見る）　＿＿＿＿＿＿＿＿

(3) 어제（昨日）／오늘（今日）／많다（多い）　＿＿＿＿＿＿＿＿

(4) 회사（会社）／집（家）／있다（いる）　＿＿＿＿＿＿＿＿

문법 5　助詞のずれ

「～が好きです（名詞＋를／을 좋아해요）」，「～が嫌いです（名詞＋를／을 싫어해요）」のように単語によっては，助詞のずれが見られます。

名詞 ＋ 를／을 타다（～に乗る）	전철을 타요.（電車に乗ります）
名詞 ＋ 를／을 만나다（～に会う）	친구를 만나요.（友達に会います）
名詞 ＋ 를／을 잘하다（～が上手だ）	영어를 잘해요.（英語が上手です）
名詞 ＋ 를／을 못하다（～が下手だ）	운동을 못해요.（運動が苦手です）
名詞 ＋ 가／이 되다（～になる）	대학생이 돼요.（大学生になります）

연습 5　助詞の使い分けに注意しながら書いて読んでみましょう。

(1) 역（駅）／지하철（地下鉄）／타다（乗る）　＿＿＿＿＿＿＿＿

(2) 12시（12時）／후배（後輩）／만나다（会う）　＿＿＿＿＿＿＿＿

(3) 국어（国語）／영어（英語）／잘하다（上手だ）　＿＿＿＿＿＿＿＿

(4) 내년（来年）／회사원（会社員）／되다（なる）　＿＿＿＿＿＿＿＿

종합연습 総合練習

쓰기 質問に対する答えを書いてみましょう。

(1) 여기까지 어떻게 와요? ______________________

(2) 보통 주말은 무엇을 해요? ______________________

(3) 집에서 자주 요리를 만들어요? ______________________

(4) 영어와 중국어 어느 쪽을 좋아해요? ______________________

(5) 내년에 회사원이 돼요? ______________________

(6) 한국 사람이에요? ______________________

말하기 隣の友達と話してみましょう。

A: ________에서 _________까지 어떻게 가요?

B: ____________ 로/으로 가요.

A: __________ 로/으로 ___________걸려요?

B: ______________________________________

A: 요리를 잘해요?

B: ______________________________________

A: 무슨 ______________를/을 자주 만들어요?

B: ______________________________________

제 5 과

종합연습 総合練習

듣기 1 質問に韓国語で答えてみましょう。

1-55

(1) ______

(2) ______

(3) ______

(4) ______

(5) ______

듣기 2 音声を聞いて質問に答えてみましょう。

1-56

(1) ______

(2) ______

(3) ______

(4) ______

읽기：한자 읽기 漢字の読み

회【会】	회계【会計】	회견【会見】	입회【入会】
사【社】	사회【社会】	사장【社長】	입사【入社】
원【員】	만원【満員】	회원【会員】	직원【職員】

コラム 》》 2

対人関係

人付き合いの難しさは，お互いの距離の調節にありますが，日本人と韓国人の間では，さらにその距離の取り方に違いが見られます。

距離の調節とは，親しさをいかに表現するかに相通じますが，韓国では，濃厚な人間関係が好まれるがゆえに，親しさを大胆に表現します。例えば，少しでも仲良くなれば，同性同士でも手をつないだり，肩を組んだりするスキンシップが多くなります。食事の誘いにあっても，日本人は予め相手のご都合を確認してから誘いますが，韓国人は当日，何の予告もなく2～3時間前に誘う場合も多いです。韓国人の親しさは，私とあなたを区別せず，私たち（우리）という枠組みで認識されるため，相手のモノを使う場合もいちいち相手に断らず，勝手に使われる場合も見かけられます。恋人同士は言うまでもなく，親しい間柄ではこれといった用がなくても頻繁に連絡しあったり，相手の家に泊まりに行ったり，1つの鍋を直につついで食べたりします。やはり濃厚な人間関係が好まれるからこそ，見られる行動ではないでしょうか。

そして，日本と韓国は，同じく集団主義が重視されるものの，日本では衝突を解消する，すなわちぶつかり合わないところが重視される一方，韓国では，お互いのぶつかり合いによって衝突を解決するところが重視されます。ゆえに，遠回しの断り方はあまり好まれず，明確に言う必要があります。例えば，「前向きに検討してみます」と言われたら，日本人は「断られた」と思われやすいですが，韓国人は「肯定的な意味」として捉えやすいため，後に問題になる場合も多々あります。

さらに，筆者の経験上，最も紛らわしかったのは，社交辞令です。韓国人は，別れ際に「今度一杯しましょう」と言われたら，相手の連絡を待ち続けます。しかし，待ち続けても相手から連絡が来ないということになると，「口先だけだ」という印象をもたらし，お互いの人間関係が崩れてしまう可能性もあります。

ご周知のごとくわれわれの言語行動は，お互いの言語文化に基づいております。ゆえに，お互いの文化を理解しようとする心構えが最も大事です。みなさん，韓国人の友達ができたら今よりもっと積極的に距離を縮めてみましょう。

【文法編】

제6과

学習目標 **過去の出来事を述べる**

過去形, 助詞「에게／에게서（対象）」, 고, 고 싶다, 요／이요

작년에 타로 씨에게서 화장품을 받았어요.

※ ※本文会話文は、「ふつう→ゆっくり」スピードの音声が用意されています。

1-57

유타: 주말에 약속 있어요?
[약쏙]

고은: 아뇨, 하지만 다음 주가 타로 씨 생일이에요.
[생이리에요]

작년에 타로 씨에게서 화장품을 받았어요.
[장녀네] [바다써요]

그래서 선물로 넥타이를 사고 싶어요.

유타: 그럼, 오후에 저하고 같이 가요.
[가치]

고은: 정말요? 시간 괜찮아요?
[괜차나요]

유타: 네, 선물도 사고 노래방에도 가요.

고은: 좋아요. 그럼, 5시에 역 앞에서 만나요.
[조아요]

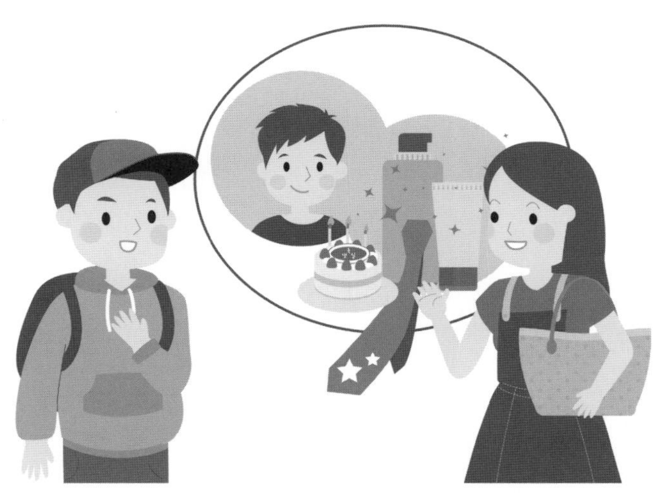

주말에 약속 있어?

아니, 하지만, 다음 주가 타로 생일이야. 작년에 타로한테서 화장품을 받았어.

그래서 선물로 넥타이를 사고 싶어.

그럼, 오후에 나하고 같이 가.

정말? 시간 괜찮아?

응, 선물도 사고 노래방에도 가자.

좋아. 그럼, 5시에 역 앞에서 만나.

단어와 표현：単語と表現

화장품	化粧品	3級
받다	貰う	5級
선물	プレゼント	5級
넥타이	ネクタイ	準2級
정말	ほんとう	5級
괜찮다	大丈夫だ	5級
그럼	それなら，では	4級

● 정말요?
相手に確認したり，念を押したりするときの「本当ですか」を意味します。友達同士では，정말?と言います。

● 괜찮다
「大丈夫だ」「平気だ」という意味ですが，相手を慰めるときや，相手の誘いを断るときにも使われます。

● 그럼
그러면の縮約形です。

指示語と助詞の縮約形

해요体の活用で気づいたかもしれませんが，韓国語は音声的側面が強い言語であるがゆえに，縮約形が多く見られます。例えば，무엇（何）は，뭐に縮約され，さらに，뭐를（何を）は，뭘に縮約されます。また，もの・ことを意味する것は，거に縮約されます。そこで，指示語と助詞の縮約形を紹介します。

指示語	指示語	縮約形	助詞「が」	縮約形
이　この	이것　これ	이거	이것이	이게
그　その	그것　それ	그거	그것이	그게
저　あの	저것　あれ	저거	저것이	저게
어느　どの	어느 것　どれ	어느 거	어느 것이	어느 게

指示語	助詞「は」	縮約形	助詞「を」	縮約形
이것　これ	이것은	이건	이것을	이걸
그것　それ	그것은	그건	그것을	그걸
저것　あれ	저것은	저건	저것을	저걸
어느 것　どれ	어느 것은	어느 건	어느 것을	어느 걸

제6과

문법 文法

문법 1　過去形

用言（動詞・存在詞・形容詞）の語幹に陽母音（ㅏ・ㅗ）か陰母音（ㅏ・ㅗ以外）かによって，**았**／**었**をつけると，過去形の基本形となります。そして，**합니다**体の過去形は，**았습니다**／**었습니다**をつけ，**해요**体の過去形は，**았어요**／**었어요**をつけます。ただし，**하다**がつく用言は，**하였다**が**했다**と縮約され，**했습니다**（**합니다**体），**했어요**（**해요**体）となります。

앉다	座る	앉【ㅏ】	앉았다	앉았습니다	앉았어요
먹다	食べる	먹【ㅓ】	먹었다	먹었습니다	먹었어요
하다	する	【하다】	했다	했습니다	했어요

そして，母音語幹で終わるものは，**해요**体と同様に縮約が起こります。

가다	行く	【ㅏ】	＋	았어요	→	가았어요	→	갔어요
서다	立つ	【ㅓ】	＋	었어요	→	서었어요	→	섰어요
펴다	広げる	【ㅕ】	＋	었어요	→	펴었어요	→	폈어요
보내다	送る	【ㅐ】	＋	었어요	→	보내었어요	→	보냈어요
세다	数える	【ㅔ】	＋	었어요	→	세었어요	→	셌어요
마시다	飲む	【ㅣ】	＋	었어요	→	마시었어요	→	마셨어요
오다	来る	【ㅗ】	＋	았어요	→	오았어요	→	왔어요
배우다	習う	【ㅜ】	＋	었어요	→	배우었어요	→	배웠어요
되다	なる	【ㅚ】	＋	었어요	→	되었어요	→	됐어요

名詞の過去形の基本形は，母音終わりの名詞か子音終わりの名詞かによって，**였다**／**이었다**をつけます。そして，**합니다**体の過去形は，**였습니다**／**이었습니다**となり，**해요**体の過去形は，**였어요**／**이었어요**となります。

친구	友達	【母音】	친구였다	친구였습니다	친구였어요
학생	学生	【子音】	학생이었다	학생이었습니다	학생이었어요

否定文の過去形は，**아니었습니다**／**아니었어요**をつけます。

친구가 아니다	친구가 아니었다	친구가 아니었습니다 ／ 아니었어요
학생이 아니다	학생이 아니었다	학생이 아니었습니다 ／ 아니었어요

연습 1 次の表を完成させましょう。

過去形

原型	意味	語幹	陽／陰	합니다体	해요体
읽다			陽／陰		
좋다			陽／陰		
비싸다			陽／陰		
서다			陽／陰		
켜다			陽／陰		
끝내다			陽／陰		
세다			陽／陰		
기다리다			陽／陰		
보다			陽／陰		
나누다			陽／陰		
되다			陽／陰		
일하다			하다		
청소하다			하다		
의사			母音／子音		
공무원			母音／子音		

연습 2 会話を完成させましょう。

A: 시험은 언제였어요? B: 어제였어요.

(1) A: 여행（旅行）／언제（いつ） B: 지난주（先週）

(2) A: 회의（会議）／몇 시（何時） B: 12시（12時）

(3) A: 장소（場所）／어디（どこ） B: 오사카（大阪）

(4) A: 선물（プレゼント）／얼마（いくら） B: 만 원（1万ウォン）

(5) A: 일본（日本）／처음（初めて） B: 아뇨（いいえ）

제 6 과

문법 文法

문법 2　名詞（対象）＋ 에게「助詞：に」，에게서「助詞：から」

対象（人・動物）を表す助詞「に」と「から」は，에게と에게서です。話し言葉では，한테と한테서がよく使われます。

人・動物 ＋ 에게／한테	친구에게 줬어요.（友達にあげました）
人・動物 ＋ 에게서／한테서	친구에게서 받았어요.（友達からもらいました）

※ 人・動物以外は，에を使います。나무에 물을 줬어요.（木に水をやりました）

연습 3 助詞の使い分けに注意しながら会話を完成させてみましょう。

A: 누구에게 선물을 줬어요?　　B: 친구에게 줬어요.

(1) A: 누구（誰）／이야기（話）／하다（する）　　B: 선생님（先生）

(2) A: 누구（誰）／선물（プレゼント）／보내다（送る）　　B: 선배（先輩）

(3) A: 누구（誰）／꽃（花）／받다（もらう）　　B: 후배（後輩）

(4) A: 누구（誰）／연락（連絡）／오다（来る）　　B: 부모님（ご両親）

문법 3　用言語幹 ＋ 고「～て，～で」

状態や動作を単純に羅列したり，ある動作を時間的な順序に沿って羅列したりするときに使う表現です。

用言語幹 ＋ 고	마시다（飲む）→ 마시고（飲んで） 학생이다（学生だ）→ 학생이고（学生で）

주말은 보통 빨래를 하고 청소를 해요.　（週末は普段，洗濯をし，掃除をします）

내일은 친구를 만나고 학교에 가요.　（明日は，友達に会って学校に行きます）

연습 4 助詞の使い分けに注意しながら例のように書いて読んでみましょう。

학교／공부하다／친구／만나다　→　학교에서 공부하고 친구를 만나요.

(1) 음악（音楽）／듣다（聴く）／책（本）／읽다（読む）

(2) 저녁（夕飯）／먹다（食べる）／바로（すぐに）／자다（寝る）

(3) 오빠（兄）／21살（21歳）／회사（会社）／일하다（働く）

(4) 키（背）／크다（高い）／성격（性格）／좋다（良い）

문법 4　動詞語幹 ＋ 고 싶다「～したい」

話し手もしくは第三者の希望を表します。

話し手：語幹 ＋ 고 싶다	어디에 가고 싶어요?（どこに行きたいですか） 일본에 가고 싶어요.（日本に行きたいです）
第三者：語幹 ＋ 고 싶어하다	유타 씨도 가고 싶어해요. （雄太さんも行きたがっています）

연습 5 助詞の使い分けに注意しながら会話を完成させてみましょう。

A: 뭘 먹고 싶어요?　　B: 라면을 먹고 싶어요.

(1) A: 어디（どこ）／만나다（会う）　　B: 역 근처（駅の近く）

(2) A: 뭐（何）／타다（乗る）　　B: 전철（電車）

(3) A: 뭐（何）／가다（行く）　　B: 택시（タクシー）

문법 5　名詞や副詞など ＋ 요／이요「～です（か）」

名詞や副詞，助詞，語尾などにつき，説明や質問に対する答え，確認などを表します。母音終わりの名詞には요が，子音終わりの名詞には이요がつきますが，이が省略されることも多いです。해요体の名詞＋예요／이에요より砕けた表現です。

母音終わりの名詞 ＋ 요	A: 누구와 같이 와요?（誰と一緒に来ますか） B: 친구요.（友達です）
子音終わりの名詞 ＋ 이요	A: 친구도 회사원이에요?（友達も会社員ですか） B: 아뇨, 대학생이요.（いいえ、大学生です）
副詞・助詞・語尾 ＋ 요	A: 언제 끝나요?（いつ終わりますか） B: 늦게요.（遅くです）

연습 6 助詞の使い分けに注意しながら会話を完成させてみましょう。

A: 어디에서 샀어요?　　B: 백화점이요／백화점에서요.

(1) A: 어디（どこ）／가다（行く）　　B: 난바（難波）

(2) A: 누구（誰）／만나다（会う）　　B: 선생님（先生）

(3) A: 어떻게（どうやって）／오다（来る）　　B: 지하철（地下鉄）

종합연습 総合練習

쓰기 質問に対する答えを書いてみましょう。

(1) 여름방학에 뭘 하고 싶어요? ______________________

(2) 작년 생일에 뭘 받았어요? ______________________

(3) 누구한테서 받았어요? ______________________

(4) 주말에 보통 뭐해요?(語幹+고) ______________________

(5) 집에서 여기까지 어떻게 왔어요? ______________________

(6) 어제 뭘 먹었어요?(요／이요) ______________________

말하기 隣の友達と話してみましょう。

A: __________ 씨는 여행을 좋아해요?

B: 네, __________. ／ 아뇨, 별로 __________.

A: 작년에 어디에 갔어요?

B: ______________________

A: 거기서 뭘 했어요?

B: ______________________

A: 올해는 어디에 가고 싶어요?

B: ______________________

A: __________ 씨는 여름방학에 뭘 하고 싶어요?

B: ______________________

듣기 1 質問に韓国語で答えてみましょう。

1-58

(1) ____________________

(2) ____________________

(3) ____________________

(4) ____________________

(5) ____________________

듣기 2 音声を聞いて質問に答えてみましょう。

1-59

(1) ____________________

(2) ____________________

(3) ____________________

(4) ____________________

제 6 과

읽기 : 한자 읽기 漢字の読み

시【時】	시대【時代】	시차【時差】	일시【日時】
간【間】	간식【間食】	인간【人間】	중간【中間】

【文法編】

제7과

学習目標 尊敬形を使いこなす

尊敬形「가／이 어떻게 되세요, 尊敬形助詞」, 겠, ㄹ까요／을까요

어디까지 가십니까?

※本文会話文は、「ふつう→ゆっくり」スピードの音声が用意されています。 1-60

운전사: 어서 오세요. 어디까지 가십니까?
[가심니까]

유　타: 인천공항까지 부탁합니다. 시간은 얼마나 걸릴까요?
[공앙] [부타캄니다]

운전사: 아마 30분 정도 걸리겠습니다.
[걸리겐씀니다]
어느 분이 오세요?

유　타: 일본에서 선생님께서 오세요.

운전사: 아, 그래요. 알겠습니다. 그럼, 출발하겠습니다.
[알겐씀니다] [출발하겐씀니다]

어서 오세요.
어디까지 가세요?

인천공항까지 부탁해요.
시간은 어느 정도 걸리죠?

아마 30분 정도요.
누가 오시죠?

일본에서 선생님께서요.

아, 그래요, 알겠습니다.
그럼, 출발하겠습니다.

단어와 표현：単語と表現

어서 오세요	いらっしゃいませ	5級
공항	空港	5級
부탁하다	頼む，お願いする	5級
께서	助詞「が」の尊敬形	4級
그래요	そうですか	5級
출발하다	出発する	4級

● 운전사
「運転手」を意味しますが，운전기사，운전기사 아저씨とも言います。

● 어서 오세요
お客様を迎える際に，サービス業やビジネス場面で使われますが，「ただいま」の返事として，「お帰りなさい」という意味でも使います。

● 누가
누구は，「誰」と言いますが，「誰が」は，누구가ではなく，**누가**と言います。

単語：빈도 頻度

- 언제나 いつも 5級
- 늘 いつも 4級
- 항상 いつも 3級
- 자주 しょっちゅう 4級
- 종종 時々 準2級
- 가끔 たまに 4級
- 거의 ほとんど 4級
- 전혀 全然 4級

単語：의문사 疑問詞

- 언제 いつ 5級
- 어디 どこ 5級
- 누구 誰 5級
- 무엇／뭐 何 5級
- 어떻게 どうやって 5級
- 왜 なぜ 5級
- 몇 いくつ 5級
- 얼마 いくら 5級
- 어떤 どんな 5級
- 무슨 何の 5級
- 어느 どの 5級
- 어느 쪽 どちら 5級

한 걸음 더 Learn more　日本語と韓国語の敬語の相違点

日本語の敬語は，話し手と聞き手，そして話題の人物を総合的に考慮した敬語使用が求められ（相対敬語），例えば，身内のことをソトの人に言うときは，「社長は今おりません」と言います。

しかし，韓国語では，話題の人物が話し手より社会的・年齢的地位が上位であれば，聞き手に関係なく高める特徴があります（絶対敬語）。そのため，目上の人のことを言うときは，聞き手のことを考慮せず，**사장님은 지금 안 계십니다**（直訳：社長様は今いらっしゃいません）と言うこともできます。とりわけ，年齢という基準が敬語を使うか使わないかに大きく作用する傾向があります。

第7과

문법 文法

문법 1　用言 ＋ 시／으시「尊敬形」

用言（動詞・存在詞・形容詞）の語幹に시／으시をつけると，尊敬形の基本形となります。ただし，ㄹ語幹の場合は，ㄹを脱落させて시をつけます。一方，名詞は，이시がつきます。

		尊敬形	합니다体	해요体
動詞 存在詞 形容詞	母音語幹 가다	시 가시다	십니다 가십니다	세요 가세요
	子音語幹 앉다	으시 앉으시다	으십니다 앉으십니다	으세요 앉으세요
	ㄹ語幹 알다	【ㄹ脱落】시 아시다	【ㄹ脱落】십니다 아십니다	【ㄹ脱落】세요 아세요
名詞	母音終わりの名詞 교사	이시 교사이시다	이십니다 교사이십니다	이세요 교사이세요
	子音終わりの名詞 선생님	이시 선생님이시다	이십니다 선생님이십니다	이세요 선생님이세요

※ 母音終わりの名詞の場合，이시の이が省略されることも多いです。

日本語と同様に特殊な尊敬形があります。

	意味	尊敬形の基本形	합니다体	해요体
먹다 마시다	食べる 飲む	드시다／잡수시다	드십니다 잡수십니다	드세요 잡수세요
자다	寝る	주무시다	주무십니다	주무세요
죽다	死ぬ	돌아가시다	돌아가십니다	돌아가세요
있다	いる	계시다	계십니다	계세요
없다	いない	안 계시다	안 계십니다	안 계세요

主語が人の場合は，**계시다**，**안 계시다**が使われ，物事の場合は，**있으시다**，**없으시다**が使われます。

선생님 계십니까?（先生，いらっしゃいますか）
몇 시에 약속이 있으세요?（何時に約束がおありになりますか）

名詞にも尊敬形があります。

아버지	父	아버님	お父様	어머니	母	어머님	お母様
부모	両親	부모님	ご両親	사장	社長	사장님	社長様
씨	さん	님	様	사람	人	분	方
집	家	댁	お宅	말	話	말씀	お話
이름	名前	성함	お名前	나이	歳	연세	お歳

文型

名前や年齢などを丁寧に聞く際に使われる定番の表現です。直訳すると「～がどのようになられますか」となります。

＿＿＿＿＿＿＿＿가／이 어떻게 되십니까／되세요?

(1) 성함 (お名前)　答：＿＿＿＿＿＿＿＿

(2) 전화번호 (電話番号)　答：＿＿＿＿＿＿＿＿

(3) 고향 (故郷)　答：＿＿＿＿＿＿＿＿

(4) 연세 (お歳)　答：＿＿＿＿＿＿＿＿

(5) 형제 (兄弟)　答：＿＿＿＿＿＿＿＿

さらに，一部の助詞の尊敬形もあります。

는／은「は」→ 께서는	가／이「が」→ 께서	에게「に」→ 께

사장님께서는 안 계십니다. (社長はおりません／いらっしゃいません)

아버님께서 가십니다. (父が行きます／行かれます)

부장님께 보냈습니다. (部長に送りました)

문법 文法

연습 1 次の表を完成させてみましょう。　**尊敬形**

原型	意味	尊敬形	합니다体	해요体
읽다				
앉다				
만나다				
보내다				
기다리다				
일하다				
청소하다				
있다				
없다				
살다				
알다				
교사				
선생님				

문법 2　用言語幹 ＋ 겠「〜つもり, 〜だろう」

話し手の意志（〜するつもり），推量（〜だろう），丁重さ（控えめな気持ち）を表します。尊敬形（시／으시）や過去形（았／었）の後ろにつきます。

【意志】	제가 가겠습니다. 언제 가시겠습니까?	（私が行きます） （いつ行かれますか）
【推量】	내일 비가 내리겠어요. 맛있겠어요.	（明日，雨が降るでしょう） （美味しそうです）
【丁重さ】	알겠습니다. 잘 모르겠습니다. 길 좀 묻겠습니다.	（分かりました） （よく分かりません） （道をちょっとお聞きします）

연습 2 助詞の使い分けに注意しながら会話を完成させましょう。

A: 무엇을 만드시겠어요?　　B: 비빔밥을 만들겠어요.

(1) A: 누구(誰)／만나다(会う)　　B: 변호사(弁護士)

(2) A: 몇 시(何時)／시작하다(始める)　　B: 12시(12時)

(3) A: 어디(どこ)／공부하다(勉強する)　　B: 도서관(図書館)

(4) A: 어떻게(どうやって)／가다(行く)　　B: 지하철(地下鉄)

문법 3　用言語幹 + ㄹ까요／을까요「～ましょうか」

相手の意向・意見を尋ねたり，誘ったりするときに使う表現です。ただし，主語が3人称の場合は，疑問や推測の意味を表します。

母音語幹 + ㄹ까요	가다(行く) → 갈까요(行きましょうか)
子音語幹 + 을까요	앉다(座る) → 앉을까요(座りましょうか)
ㄹ語幹【ㄹ脱落】 + ㄹ까요	만들다(作る) → 만들까요(作りましょうか)

【意向を尋ねる】 어디서 만날까요?(どこで会いましょうか)

【相手を誘う】 같이 요리를 만들까요?(一緒に料理を作りましょうか)

【疑問や推測】 내일 날씨가 좋을까요?(明日，天気がいいでしょうか)

연습 3 助詞の使い分けに注意しながら文を完成させてみましょう。

여기(ここ)／사진(写真)／찍다(撮る)　　여기서 사진을 찍을까요?

(1) 학교(学校)／6시(6時)／만나다(会う)　　________________

(2) 저기(あそこ)／옆(隣)／먹다(食べる)　　________________

(3) 누구(誰)／같이(一緒に)／오다(来る)　　________________

(4) 선생님(先生)／어디(どこ)／있다(いる)　　________________

제7과

종합연습 総合練習

쓰기 質問に対する答えを書いてみましょう。

(1) 아버님께서는 교사이세요? ____________________

(2) 생일이 어떻게 되세요? ____________________

(3) 주말에 무엇을 하시겠어요? ____________________

(4) 내일은 비가 내릴까요? ____________________

(5) 집에서 여기까지 어떻게 오세요? ____________________

말하기 隣の友達と話してみましょう。

A: 성함이 어떻게 되세요?

B: 저는 __________ 라고／이라고 합니다※.

A: 가족은 어떻게 되세요?

B: ____________________

A: 고향은 어떻게 되세요?

B: ____________________

A: 보통 주말은 무엇을 하세요?

B: ____________________

※ 라고／이라고 합니다／해요は，「～と申します」の意味以外に，「～と言います」という意味もあります。
サッカー는 한국어로 축구라고 합니다／해요.
(サッカーは韓国語で축구と言います)

듣기 1 質問に韓国語で答えてみましょう。

1-61

(1) ______

(2) ______

(3) ______

(4) ______

(5) ______

듣기 2 音声を聞いて質問に答えてみましょう。

1-62

(1) ______

(2) ______

(3) ______

(4) ______

읽기 : 한자 읽기 漢字の読み

일【日】	일과【日課】	매일【毎日】	휴일【休日】
본【本】	본심【本心】	본부【本部】	기본【基本】

【文法編】

제8과

学習目標 **尊敬形の過去形を学ぶ**

尊敬形の過去形, 助詞「밖에」, 아직 안+過去形, 러／으러, ㄹ게요／을게요

부모님께서는 영화를 보러 가셨어요.

※本文会話文は、「ふつう→ゆっくり」スピードの音声が用意されています。

1-63

유타: 여보세요. 고은 씨, 집 앞에 도착했어요.
[도차캐써요]

지금 들어갈게요.
[드러갈께요]

고은: 알았어요. 들어오세요.
[아라써요]

유타: 부모님께서는 어디에 계세요?

고은: 부모님께서는 영화를 보러 가셨어요.
그리고 동생은 아직 안 돌아왔어요. 그래서 지금 저밖에 없어요.
[도라와써요] [업써요]

유타: 그래요. 이것은 제 선물이에요.

고은: 고맙습니다. 그럼, 먼저 식사부터 해요.
[고맙씀니다] [식싸]

조금 기다리세요. 빨리 준비할게요.

여보세요. 고은아, 집 앞에 도착했어.
지금 들어갈게.

알았어. 들어와.

부모님께선 어디 계셔?

부모님은 영화를 보러 가셨어.
글구 동생은 아직 안 돌아왔어.
그래서 지금 나밖에 없어.

그래. 이건 내 선물 (이야) .

고마워. 그럼, 먼저 식사부터 하자. 좀 기다려.
빨리 준비할게.

단어와 표현：単語と表現

도착하다	到着する	4級
들어가다	入っていく	4級
들어오다	入ってくる	4級
그리고	そして	5級
아직	まだ	4級
돌아오다	帰ってくる	4級
밖에	～しか	4級
먼저	先に	5級
식사	食事	5級
조금	少し	4級
준비하다	準備する	4級

● 들어오다／들어가다
日本語における「入る」は，「入っていく」と「入ってくる」を厳密に区別せず，文脈による使い方が多いです。しかし，韓国語では，들어가다と들어오다を区別して使います。部屋に入っていく場合は，들어가요と言い，部屋の中にいる場合は，相手に들어와요と言います。同様に「帰る」も돌아가다と돌아오다に区別します。

● 그래요（そうですね/そうですか）
相手の意見に肯定したり，内容を確認したりする際に使われます。一緒に使われる表現として，왜 그래요?（どうしたんですか）や그냥 그래요（まあまあです）などという表現もあります。友達同士では，그래と言います。

● 조금
話し言葉では，좀と言います。

単語：가족 家族

할아버지 5級

할머니 5級

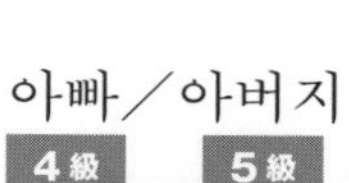

아빠／아버지 4級 5級

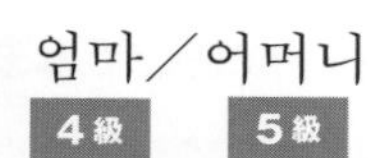

엄마／어머니 4級 5級

형（弟から）5級

누나（弟から）5級

언니（妹から）5級

오빠（妹から）5級

남동생 4級

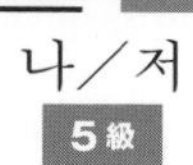

나／저 5級

여동생 4級

제 8 과

문법 文法

문법 1 用言語幹 + 셨/으셨「尊敬形の過去形」

用言（動詞・存在詞・形容詞）の語幹に셨／으셨をつけると，過去形の基本形となります。ただし，ㄹ語幹の場合は，ㄹを脱落させて셨をつけます。一方，名詞は，이셨がつきます。

		尊敬形の過去形	합니다体	해요体
動詞 存在詞 形容詞	母音語幹 가다	셨 가셨다	셨습니다 가셨습니다	셨어요 가셨어요
	子音語幹 앉다	으셨 앉으셨다	으셨습니다 앉으셨습니다	으셨어요 앉으셨어요
	ㄹ語幹 알다	【ㄹ脱落】셨 아셨다	【ㄹ脱落】셨습니다 아셨습니다	【ㄹ脱落】셨어요 아셨어요
名詞	母音終わりの名詞 교사	이셨 교사이셨다	이셨습니다 교사이셨습니다	이셨어요 교사이셨어요
	子音終わりの名詞 선생님	이셨 선생님이셨다	이셨습니다 선생님이셨습니다	이셨어요 선생님이셨어요

※ 母音終わりの名詞の場合，이시の이が省略されることも多いです。

※ 特殊な尊敬形は，語幹末の시と었が縮約され，셨となります。

드시다（召し上がる）　드시 + 었 → 드셨다 → 드셨습니다／드셨어요

계시다（いらっしゃる）　계시 + 었 → 계셨다 → 계셨습니다／계셨어요

연습 1 次の表を完成させてみましょう。　過去形

原型	意味	尊敬形	합니다体	해요体
보다				
사귀다				
찾다				
가르치다				
배우다				
읽다				
사다				

좋다				
괜찮다				
부탁하다				
도착하다				
출발하다				
있다				
없다				
살다				
알다				
만들다				
친구				
회사원				

문법 2　名詞 + 밖에 「助詞：しか」

밖에	천 원밖에 없어요. (千ウォンしかありません)

연습 2 助詞の使い分けに注意しながら会話を完成させましょう。

A: 얼마 있어요?　　B: 삼천 원밖에 없어요.

(1) A: 몇 개 (何個) ／있다 (ある)　　B: 2개 (2個)

(2) A: 몇 사람 (何人) ／있다 (いる)　　B: 4명 (4名)

(3) A: 과일 (果物) ／좋아하다 (好きだ)　　B: 사과 (リンゴ)

(4) A: 친구 (友達) ／많다 (多い)　　B: 1명 (1名)

(5) A: 언제 (いつ) ／알바하다 (アルバイトする)　　B: 토요일 (土曜日)

(6) A: 누가 (誰が) ／오다 (来る)　　B: 아버지 (お父さん)

문법 文法

문법 3　아직 안 ＋ 過去形「まだ〜していません」

「まだ〜していません」という表現は，文末が過去形になります。

아직 안 ＋ 過去形	아직 안 만났어요.（まだ会っていません）
아직 語幹 ＋ 지 않았어요	아직 만나지 않았어요.（まだ会っていません）

A: 수업 끝났어요?（授業終わりましたか）

B: 아직 안 끝났어요／끝나지 않았어요.（まだ終わっていません）

A: 점심 먹었어요?（お昼食べましたか）

B: 아직 안 먹었어요／먹지 않았어요.（まだ食べていません）

연습 3　助詞の使い分けに注意しながら会話を完成させましょう。

A: 언제 가셨어요?　　B: 아직 안 갔어요.

(1) A: 요리（料理）／만들다（作る）　　B: 만들다（作る）

(2) A: 몇 시（何時）／출발하다（出発する）　　B: 출발하다（出発する）

(3) A: 집（家）／도착하다（到着する）　　B: 도착하다（到着する）

(4) A: 무엇（何）／드시다（召し上がる）　　B: 먹다（食べる）

문법 4　動詞語幹 ＋ 러／으러「〜しに（行く／来る）」

러／으러の後ろは，가다（行く）や오다（来る），다니다（通う）などの動詞がつき，動詞の目的（〜しに行く／来る）を表します。

母音／ㄹ語幹 ＋ 러	만나다（会う） → 만나러 가요（会いに行きます）
子音語幹 ＋ 으러	찍다（撮る） → 찍으러 가요（撮りに行きます）

친구를 만나러 난바에 가요.（友達に会いに難波に行きます）

우리집에 놀러 오세요.（我が家に遊びに来てください）

졸업사진을 찍으러 가요.（卒業写真を撮りに行きます）

연습 4 助詞の使い分けに注意しながら文を完成させてみましょう。

친구／한국어／배우다　　　　친구에게 한국어를 배우러 가요.

(1) 도서관(図書館)／책(本)／읽다(読む)　＿＿＿＿＿＿＿＿

(2) 은행(銀行)／돈(お金)／찾다(下ろす)　＿＿＿＿＿＿＿＿

(3) 집(家)／요리(料理)／만들다(作る)　＿＿＿＿＿＿＿＿

(4) 여동생(妹)／편지(手紙)／주다(あげる)　＿＿＿＿＿＿＿＿

문법 5　動詞語幹 ＋ ㄹ게요／을게요「～ます, ～ますよ」

話し手の意志や約束を表します。

母音語幹 ＋ ㄹ게요	가다(行く)　→ 갈게요(行きます)
子音語幹 ＋ 을게요	먹다(食べる)　→ 먹을게요(食べます)
ㄹ語幹【ㄹ脱落】＋ ㄹ게요	만들다(作る)　→ 만들게요(作ります)

이번은 제가 갈게요.(今回は私が行きます)

저는 비빔밥을 먹을게요.(私はビビンパを食べます)

아홉 시까지 꼭 만들게요.(9時までに必ず作ります)

연습 5 助詞の使い分けに注意しながら文を完成させてみましょう。

앞으로／담배／안 피우다　　　　앞으로 담배를 안 피울게요.

(1) 꼭(必ず)／약속(約束)／지키다(守る)　＿＿＿＿＿＿＿＿

(2) 내년(来年)／술(酒)／끊다(やめる)　＿＿＿＿＿＿＿＿

(3) 선배(先輩)／역(駅)／기다리다(待つ)　＿＿＿＿＿＿＿＿

(4) 병원(病院)／전철(電車)／가다(行く)　＿＿＿＿＿＿＿＿

종합연습 総合練習

쓰기 質問に対する答えを書いてみましょう。

(1) 지갑 안에 얼마 있어요?(밖에) ______________________

(2) 언제 결혼하셨어요? ______________________

(3) 주말에 어디에 가요?(러/으러) ______________________

(4) 몇 시까지 오시겠어요?(ㄹ게요/을게요) ______________________

(5) 어제는 누구를 만나셨어요? ______________________

말하기 隣の友達と話してみましょう。

A: __________ 씨 생일이 언제이세요?

B: 제 생일은 ______________ 입니다.

A: 작년 생일 선물은 무엇을 받으셨어요?

B: ______________________

A: 생일에 무엇을 하셨어요?

B: ______________________

A: 올해 생일은 어디에 가고 싶으세요?

B: ______________________

듣기 1 質問に韓国語で答えてみましょう。

1-64

(1)

(2)

(3)

(4)

(5)

듣기 2 音声を聞いて質問に答えてみましょう。

1-65

(1)

(2)

(3)

(4)

읽기 : 한자 읽기 漢字の読み

식【食】	식비【食費】	식감【食感】	외식【外食】
사【事】	사실【事実】	사고【事故】	가사【家事】

【文法編】

제9과

学習目標 **理由・原因を述べる**

아／어 주다／주세요／주시겠어요, 助詞「만」, 助詞「에 (単位)」, 아서／어서, 지만, 지요

비싸지만 요즘 인기가 많아서 잘 팔려요.

1-66 ※本文会話文は、「ふつう→ゆっくり」スピードの音声が用意されています。

고은: 여기요. 저것을 좀 보여 주세요.

점원: 여기 있습니다.
이거 가격은 좀 비싸지만 요즘 인기가 많아서 잘 팔립니다.
[인끼가] [마나서]
디자인이 정말로 예쁘지요?

고은: 네, 얼마예요?

점원: 16,900원입니다.

고은: 음, 조금만 깎아 주시겠어요?
[까까 주시게써요]

점원: 그럼, 15,000원에 어떻습니까?
[어떠씀니까]

고은: 감사합니다.

점원: 포장해 드릴까요?

고은: 네, 부탁드리겠습니다.
[부탁드리겓씀니다]

여기요. 저걸 좀 보여 주세요.

여기요.
이거 가격은 좀 비싸지만,
요즘 인기가 많아서 잘 팔려요.
디자인이 정말로 예쁘죠?

네, 얼마죠?

16,900원이요.

음, 조금만 깎아 주세요?

그럼, 15,000원에 어때요?

감사합니다.

포장해 드릴까요?

네, 부탁드려요.

 단어와 표현：単語と表現

여기요	すみません	5級
가격	価格	3級
요즘	近頃，最近	4級
인기	人気	4級
잘	よく，上手に	5級
팔리다	売れる	準2級
디자인	デザイン	準2級
정말로	本当に	4級
예쁘다	きれいだ	4級
만	～だけ	5級
깎다	値引く，削る	4級
포장하다	包装する	準2級
부탁드리다	お願いする	4級

● 여기요
人に声をかけるときに使います。第3課を参照してください。

● 여기 있습니다
人にものを差し出すときに使う「どうぞ」にあたる表現です。話し言葉では，もっと砕けた表現として여기요という表現がよく使われます。

● 인기
韓国語では，人気が있다（ある）／없다（ない）／많다（多い）／높다（高い）という表現が使われます。

● 잘／자주
잘は，「よく＝上手に，正しく，きちんと」を意味し，자주は，「よく＝頻繁に，しばしば，しきりに」を意味します。

- 잘 만들었어요.（上手に作りました）
- 자주 만들었어요.（頻繁に作りました）

単語：쇼핑 買い物

● 좋다 いい 5級

● 예쁘다 きれいだ 4級

● 비싸다（値段が）高い 5級

● 사다 買う 5級

● 깎다 値引く 4級

● 보내다 送る 5級

물건 品物 4級

● 받다 もらう 5級

● 나쁘다 悪い 5級

● 마음에 들다 気に入る 4級

● 싸다 安い 5級

문법 文法

문법 1　動詞語幹 ＋ 아／어 주다「〜てあげる／くれる」

動詞語幹＋아／어 주다は，「〜てあげる／くれる」という意味となります。

陽母音 ＋ 아 주다	닫다（閉める） → 닫아 주다（閉めてあげる／くれる）
陰母音 ＋ 어 주다	열다（開ける） → 열어 주다（開けてあげる／くれる）
하다 → 해 주다	말하다（話す） → 말해 주다（話してあげる／くれる）

尊敬の「〜てくださる」は，動詞語幹＋아／어 주시다となり，相手に丁寧に依頼するときには，動詞語幹＋아／어 주세요または動詞語幹＋아／어 주시겠어요（より丁寧な表現）を使います。

선생님이 책을 빌려 주셨어요.（先生が本を貸してくださいました）

문을 닫아 주세요.（ドアを閉めてください）

문을 닫아 주시겠어요?（ドアを閉めてくださいますでしょうか）

そして，相手のために何かの行動を行うときには，動詞語幹＋아／어 드리다（〜て差し上げる）という謙譲語を使います。

제가 안내해 드렸어요.（私がご案内いたしました）

제가 보여 드리겠어요.（私がお見せします）

연습 1　助詞の使い分けに注意しながら文を完成させましょう。

저기／학교 앞／세우다　　저기 학교 앞에서 세워 주세요.

(1) 내일（明日）／11시（11時）／오다（来る）　＿＿＿＿＿＿＿＿

(2) 저（私）／친구（友達）／소개하다（紹介する）　＿＿＿＿＿＿＿＿

(3) 3번（3番）／버스（バス）／타다（乗る）　＿＿＿＿＿＿＿＿

(4) 잠시（暫く）／여기（ここ）／앉다（座る）　＿＿＿＿＿＿＿＿

(5) 선물（プレゼント）／시계（時計）／사다（買う）　＿＿＿＿＿＿＿＿

(6) 9시（9時）／전철（電車）／가다（行く）　＿＿＿＿＿＿＿＿

(7) 우리（私達）／이걸（これを）／가르치다（教える）　＿＿＿＿＿＿＿＿

(8) 손님（お客さん）／물건（品物）／보이다（見せる）　＿＿＿＿＿＿＿＿

문법 2　名詞 ＋ 만 「助詞：だけ, のみ」

만	만 원만 주세요. (1万ウォンだけください)

연습 2 助詞の使い分けに注意しながら文を完成させましょう。

아직／고은 씨／안 오다　　아직 고은 씨만 안 왔어요.

(1) 교실(教室)／학생(学生)／있다(いる) ＿＿＿＿＿＿＿＿

(2) 여동생(妹)／고기(肉)／먹다(食べる) ＿＿＿＿＿＿＿＿

(3) 학교(学校)／자전거(自転車)／가다(行く) ＿＿＿＿＿＿＿＿

(4) 편지(手紙)／친구(友達)／보내다(送る) ＿＿＿＿＿＿＿＿

(5) 청소(掃除)／월요일(月曜日)／하다(する) ＿＿＿＿＿＿＿＿

문법 3　名詞 ＋ 에 「助詞 (単位)」

에	천 원에 부탁해요. (千ウォンでお願いします)

연습 3 助詞の使い分けに注意しながら文を完成させましょう。

이것／만 원／사다　　이것은 만 원에 샀어요.

(1) 과일(果物)／1개(1個)／천 원(千ウォン) ＿＿＿＿＿＿＿＿

(2) 전부(全て)／사천 원(4千ウォン)／팔다(売る) ＿＿＿＿＿＿＿＿

(3) 시장(市場)／3개(3個)／만 원(1万ウォン) ＿＿＿＿＿＿＿＿

(4) 10개(10個)／칠천 원(7千ウォン)／사다(買う) ＿＿＿＿＿＿＿＿

(5) 친구(友達)／구천 원(9千ウォン)／주다(あげる) ＿＿＿＿＿＿＿＿

문법 文法

문법 4　用言語幹 ＋ 아서／어서「〜てから, 〜から, 〜ので」

動作の先行や理由・原因を表す表現です。文末表現として아서요／어서요という形で「〜からです」という意味を表します。過去のことを述べるときでも아서／어서の形は変わりませんので, 注意しましょう。

<table>
<tr><td rowspan="3">動　詞
存在詞
形容詞</td><td>陽母音 ＋ 아서</td><td rowspan="3">名　詞</td><td>母音終わりの名詞 ＋ 여서／라서</td></tr>
<tr><td>陰母音 ＋ 어서</td><td rowspan="2">子音終わりの名詞 ＋ 이어서／이라서</td></tr>
<tr><td>하다 →해서</td></tr>
</table>

【動作の先行】　친구를 만나서 놀아요.（友達に会って遊びます）
【動作の先行】　학교에 가서 공부해요.（学校に行って勉強します）
【理由・原因】　친구여서 안 싸워요.（友達なので, 喧嘩しません）
【理由・原因】　학생이라서요.（学生だからです）

※ 注意：어제 가서 오늘은 안 가요.（昨日**行ったから**, 今日は行きません）

연습 4 助詞の使い分けに注意しながら会話を完成させましょう。

A: 왜 안 만나요?　　B: 시간이 없어서 안 만나요.

(1) A: 어디（どこ）／가다（行く）
B: 약속（約束）／있다（ある）／역 앞（駅の前）／가다（行く）

(2) A: 무엇（何）／사다（買う）
B: 오빠（兄）／생일（誕生日）／선물（プレゼント）／사다（買う）

(3) A: 뭐（何）／했다（した）
B: 공원（公園）／가다（行く）／놀다（遊ぶ）

(4) A: 왜（どうして）／늦었다（遅れた）
B: 늦게（遅く）／일어나다（起きる）／늦었다（遅れた）

문법 5　用言語幹 ＋ 지만「〜けれども, 〜が」

対比や逆接の意味を表します。過去形（았／었）や未来意志形（겠）にもつきます。丁寧体は합니다体+만（〜ですけれども, 〜ですが）のみが使われます。

動詞・存在詞・形容詞語幹 ＋ 지만	먹다（食べる）→ 먹지만（食べるけど）
名詞 ＋ 이지만	교사（教師）→ 교사이지만（教師だけど）

※ 母音終わりの名詞では, 이が省略される場合が多いです。

김치는 맛있지만 맵습니다. (キムチは美味しいけど，辛いです)

김치는 맛있습니다만 (○) ／맛있어요만 (×) 맵습니다.

연습 5 助詞の使い分けに注意しながら文を完成させましょう。

키／작다／인기／있다　　　　키가 작지만 인기가 있어요.

(1) 영어 (英語) ／잘하다 (得意だ) ／한국어 (韓国語) ／못하다 (苦手だ)

(2) 축구 (サッカー) ／좋아하다 (好きだ) ／야구 (野球) ／싫어하다 (嫌いだ)

(3) 오늘 (今日) ／휴일 (休日) ／회사 (会社) ／가다 (行く)

(4) 가격 (価格) ／싸다 (安い) ／역 (駅) ／멀다 (遠い)

문법 6　用言語幹 ＋ 지요(죠)「～か，～でしょう」

すでに知っている事実に対する確認・質問・婉曲な指示などを行うときに使います。尊敬形（시／으시）や過去形（았／었）の後ろにもつきます。会話では，縮約系の죠がよく用いられます。

動詞・存在詞・形容詞語幹 ＋ 지요(죠)	가다 → 가지요 (行きますね) 좋다 → 좋지요 (良いでしょう)
名詞 ＋ 지요／이지요(죠)	언제 → 언제죠? (いつですか) 학생 → 학생이죠 (学生でしょう)

【確認】　요즘 바쁘지요? (最近忙しいでしょう)

【質問】　몇 시에 오시죠? (何時にいらっしゃいますか)

【婉曲な指示】　빨리 출발하죠. (早く出発しましょう)

연습 6 助詞の使い分けに注意しながら文を完成させてみましょう。

한국／겨울／일본／춥다　　　　한국 겨울은 일본보다 춥지요?

(1) 일본 (日本) ／여름 (夏) ／한국 (韓国) ／덥다 (暑い)

(2) 한국어 (韓国語) ／중국어 (中国語) ／발음 (発音) ／쉽다 (易しい)

(3) 수업 (授業) ／9시 (9時) ／12시 (12時) ／하다 (する)

(4) 집 (家) ／학교 (学校) ／전철 (電車) ／오다 (来る)

제 9 과

종합연습 総合練習

쓰기 質問に対する答えを書いてみましょう。

(1) 부모님 생일에 무엇을 드리셨어요? ____________________

(2) 일본은 한국보다 인구가 많죠? ____________________

(3) 친구 생일에 무엇을 사 줬어요? ____________________

(4) 주말에는 보통 뭐 해요? (아서/어서) ____________________

(5) 무슨 과목을 잘해요/못해요? (지만) ____________________

(6) 이 책은 얼마에 샀어요? ____________________

(7) 평일에만 학교에 가요? ____________________

말하기 隣の友達と話してみましょう。

스포츠를 좋아하다/싫어하다

A: 무슨 스포츠를 좋아해요/싫어해요?

B: ____________지만____________

A: ____________를 왜 좋아해요/싫어해요?

B: 재미있어서요./어려워서요.

A: ____________________

B: ____________________

A: ____________________

B: ____________________

요리를 좋아하다/싫어하다

A: ____________________

B: ____________________

A: ____________________

B: ____________________

과목을 잘하다/못하다

듣기 1 質問に韓国語で答えてみましょう。

1-67

(1) ______________________________

(2) ______________________________

(3) ______________________________

(4) ______________________________

(5) ______________________________

(6) ______________________________

듣기 2 音声を聞いて質問に答えてみましょう。

1-68

(1) ______________________________

(2) ______________________________

(3) ______________________________

(4) ______________________________

읽기 : 한자 읽기 漢字の読み

인【人】	인구【人口】	성인【成人】	신인【新人】
기【気】	기력【気力】	기질【気質】	기품【気品】

【文法編】

제 10 과

学習目標 家族を紹介する

現在連体形，助詞「처럼」，고 있다，아／어 있다

우리 가족을 소개하겠습니다.

2-1

※本文会話文は、「ふつう→ゆっくり」スピードの音声が用意されています。

여러분 오늘은 우리 가족을 소개하겠습니다.
[소개하겓씀니다]

우리 가족은 5명입니다.
사진 오른쪽에 있는 분이 아버지이십니다.
[인는]

그리고 그 옆 의자에 앉아 있는 분이 어머니이시고 제일 키가 작고
[작꼬]

인형처럼 예쁜 아이가 여동생 마코입니다.
[이녕]

마코는 성격이 좋아서 친구들에게 인기가 많습니다.
[성껴기] [조아서] [만씀니다]

마지막으로 제 앞에 있는 사람이 누나인 미카입니다.
올해 4월부터 은행에서 근무하고 있습니다.
[오래] [으냉에서]

우리 가족은 정말로 사이가 좋습니다.
[조씀니다]

친구들아 오늘은 우리 가족을 소개할게.
우리 가족은 5명이야.
사진 오른쪽에 있는 분이 아빠야.
그리고 그 옆 의자에 앉아 있는 분이 엄마이고
제일 키가 작고 인형처럼 예쁜 애가 여동생 마코야.
마코는 성격이 좋아서 친구들에게 인기가 많아.
마지막으로 내 앞에 있는 사람이 누나인 미카야.
올해 4월부터 은행에서 근무하고 있어.
우리가족은 정말로 사이가 좋아.

단어와 표현：単語と表現

여러분	皆さん，皆様	4級
우리	私たち，我々	5級
의자	椅子	5級
제일	いちばん，最も	5級
인형	人形	準2級
처럼	～みたい，～よう	4級
아이	子供	5級
들	～たち，～ども	4級
마지막으로	最後に	4級
근무하다	勤務する	準2級
사이	仲，間	4級

● 우리
自分の家族，学校，会社などの所属を話すときに，韓国語では，「私の家族／学校／会社」と言わず，우리 가족／학교／회사と言います。

● 키가 작다／크다（背が低い／高い）
「背が高い」は，키가 크다と言いますが，「値段が高い」は，가격이 비싸다と言い，「山が高い」は，산이 높다と言います。

● 아이／애
会話では，아이を애とも言います。

● 들
複数を表す助詞ですが，人・動物はもとより，物にもつきます。さらに，助詞や語尾，副詞にもつけて使うことができます。
・식사들 하세요.（食事してください）
・여기서들 기다리죠.（ここで待ちましょう）
・빨리들 가요.（早く行ってください）

表現のずれ

第8課で아직 안 語幹＋았어요／었어요という表現は，文末が過去形となると紹介しました。同様に，以下の表現も一般的に過去形が使われます。

● 결혼하다 結婚する 5級　● 남다 残る 4級　● 닮다 似る 3級
● 잘생기다 ハンサムだ 3級　● 아직 멀다 まだまだだ 3級

A: 결혼했어요?（結婚していますか）　B: 네, 결혼했어요.（はい，結婚しています）

A: 요리는 남았어요?（料理は残っていますか）　B: 네, 조금 남았어요.（はい，少し残っています）

A: 누구를 닮았어요?（誰に似ていますか）　B: 엄마를 닮았어요.（母に似ています）

※ 닮다は，助詞が를／을となります。

A: 얼굴이 잘생겼어요?（顔がハンサムですか）　B: 네, 정말로 잘생겼어요.（はい，本当にハンサムです）

A: 한국어 정말 잘해요.（韓国語，本当に上手ですね）　B: 아뇨, 아직 멀었어요.（いいえ，まだまだです）

문법 文法

문법 1　動詞・存在詞語幹 ＋ 는「動詞・存在詞の現在連体形」

名詞を修飾する形を連体形と言います。現在の存在（있다，없다，계시다）や事柄，習慣，一般的な事実を表します。

動詞	母音語幹＋는	자는 사람（寝る人）
	子音語幹＋는	먹는 사람（食べる人）
	ㄹ語幹【ㄹ脱落】＋는	만드는 사람（作る人）
存在詞	語幹＋는	여기 있는 사람（ここにいる人） 재미있는 사람（面白い人）

※ 存在詞있다，없다がつく재미있다，재미없다，맛있다，맛없다などの単語の連体形は，存在詞の形を取ります。

회의 중에 자는 사람이 있어요.（会議中に寝る人がいます）

저녁을 먹는 시간이 제일 행복해요.（夕飯を食べる時間が一番幸せです）

지금 요리를 만드는 사람이 제 아내예요.（今料理を作っている人が私の妻です）

재미있는 영화를 소개해 주세요.（面白い映画を紹介してください）

연습 1 助詞の使い分けに注意しながら文を完成させましょう。

지금／자다／사람／제／친구　　지금 자는 사람이 제 친구예요.

(1) 버스／타다／아이／제／남동생　＿＿＿＿＿＿＿＿

(2) 오빠／만들다／요리／별로／맛없다　＿＿＿＿＿＿＿＿

(3) 딸／저기／보이다／학교／다니다　＿＿＿＿＿＿＿＿

(4) 여기／요리／맛있다／가게／유명하다　＿＿＿＿＿＿＿＿

(5) 울다／사람／웃다／사람／좋아하다　＿＿＿＿＿＿＿＿

(6) 교실／없다／사람／있다／사람／많다　＿＿＿＿＿＿＿＿

(7) 친구／함께／도서관／공부하다／시간／좋다　＿＿＿＿＿＿＿＿

(8) 보통／쉬다／날／집／책／읽다　＿＿＿＿＿＿＿＿

(9) 스포츠／하다／것／보다／것／좋아하다　＿＿＿＿＿＿＿＿

문법 2 形容詞・指定詞語幹 ＋ ㄴ／은「形容詞・指定詞の現在連体形」

事柄の状態や性質を表します。指定詞には，이다（～だ），아니다（～でない）があります。

形容詞	母音語幹＋ㄴ	가격이 비싼 요리（値段が高い料理）
	子音語幹＋은	성격이 좋은 사람（性格が良い人）
	ㄹ語幹【ㄹ脱落】＋ㄴ	역에서 먼 집（駅から遠い家）
指定詞	語幹＋ㄴ	회사원인 사람（会社員の人） 회사원이 아닌 사람（会社員ではない人）

비싼 요리보다 맛있는 요리가 좋아요.（高い料理よりおいしい料理がいいです）

성격이 좋은 사람은 인기가 있어요.（性格が良い人は人気があります）

역에서 먼 집은 사고 싶지 않아요.（駅から遠い家は買いたくないです）

회사원인 형은 토요일에도 출근해요.（会社員の兄は土曜日にも出勤します）

연습 2 助詞の使い分けに注意しながら文を完成させましょう。

저／키／크다／사람／좋아하다 　　저는 키가 큰 사람을 좋아해요.

(1) 돈／많다／것／성격／중요하다 ＿＿＿＿＿＿＿＿

(2) 역／멀다／집／싸다／넓다 ＿＿＿＿＿＿＿＿

(3) 저／대학생／딸／2명／있다 ＿＿＿＿＿＿＿＿

(4) 여기／회사원／아니다／분／많다 ＿＿＿＿＿＿＿＿

(5) 이것／조금 더／크다／것／없다 ＿＿＿＿＿＿＿＿

(6) 슬프다／영화／재미있다／영화／좋다 ＿＿＿＿＿＿＿＿

(7) 여동생／길다／머리／짧다／머리／좋아하다 ＿＿＿＿＿＿＿＿

(8) 요즘／가격／비싸다／물건／잘 안 팔리다 ＿＿＿＿＿＿＿＿

(9) 높다／산／낮다／산／자주／가다 ＿＿＿＿＿＿＿＿

문법 文法

문법 3　名詞 ＋ 처럼「助詞：よう，みたい」

様子や動作が似ていることを表します。名詞+같이に置き換えることができます。

처럼	가수처럼 노래를 잘해요.（歌手みたいに歌が上手です）

연습 3　助詞の使い分けに注意しながら文を完成させましょう。

아직／학생／보이다　　아직 학생처럼 보여요.

(1) 산／쓰레기／많다　＿＿＿＿＿＿＿＿

(2) 배우／연기／잘하다　＿＿＿＿＿＿＿＿

(3) 봄／겨울／따뜻하다　＿＿＿＿＿＿＿＿

(4) 비행기／빨리／달리다　＿＿＿＿＿＿＿＿

문법 4　動詞語幹 ＋ 고 있다「～ている」

現在の状況や進行を表します。尊敬形は動詞語幹+고 계시다（～ていらっしゃる）となります。

語幹 ＋ 고 있다	한국어를 배우고 있어요.（韓国語を習っています）
語幹 ＋ 고 계시다	책을 읽고 계세요.（本を読んでいらっしゃいます）

※ 現在進行中の動作を動詞語幹+고 있다／계시다と言いますが，単に지금 뭐해요?／하세요?のように，言うこともできます。

연습 4　助詞の使い分けに注意しながら会話を完成させましょう。

A: 지금 뭐 해요?　B: 학교에서 친구를 만나고 있어요.

(1) A: 어디／가다　B: 도서관／공부하다／가다

(2) A: 선생님／뭐／하시다　B: 교실／학생／가르치다

(3) A: 어디／살다　B: 학교 옆／있다／아파트／살다

(4) A: 어디／기다리다　B: 건물 안／있다／커피숍／기다리다

(5) A: 왜／안 오다　B: 부모님／같이／차／가다

문법 5　動詞語幹 ＋ 아／어 있다「～ている」

動作が完了した状態が持続していることを表します（主に自動詞）。尊敬形は動詞語幹＋아／어 계시다（～ていらっしゃる）となります。

語幹 ＋ 아／어 있다	저기에 앉아 있어요.（あそこに座っています）
語幹 ＋ 아／어 계시다	문에 서 계세요.（ドアに立っていらっしゃいます）

연습 5　助詞の使い分けに注意しながら会話を完成させましょう。

A: 지금 어디에 있어요?　B: 친구하고 역 앞에 서 있어요.

(1) A: 가족／어디／있다　B: 놀다／미국／가다

(2) A: 지갑／어디／있다　B: 저기／책상 아래／떨어지다

(3) A: 할머니／어디／계시다　B: 공원／있다／의자／앉다

(4) A: 학생들／어디／있다　B: 모두／운동장／모이다

(5) A: 손님／뭐／하시다　B: 저기／있다／방／들어가다

注意！

語幹+고 있다 VS 語幹+아／어 있다

살다（住む），지내다（過ごす），보내다（過ごす，送る），다니다（通う）などの状態を表す動詞や，「最近韓国語を勉強している」のような習慣，繰り返される動作を表す場合も語幹+고 있다の形で表すことができます。

【習慣】저는 매일 아침에 우유를 마시고 있어요.（私は毎朝牛乳を飲んでいます）

【状態】아버지는 시골에서 지내고 계세요.（お父さんは田舎で暮らしていらっしゃいます）

一方，입다（着る），쓰다（かぶる），신다（履く），들다（手に持つ），가지다（持つ，所有する）などの着用動詞と타다（乗る）は，아／어 있다を使わず，語幹+고 있다の形で完了した状態の持続を表します。

구두를 신고 있어요.（○）／신어 있어요.（×）（靴を履いています）

지금 버스를 타고 있어요.（○）／타 있어요.（×）（今バスに乗っています）

종합연습 総合練習

쓰기 質問に対する答えを書いてみましょう。

(1) 친구들 사이에서 유행하는 건 뭐예요? ______________________

(2) 자주 놀러 가는 곳은 어디예요? ______________________

(3) 좋아하는 요리와 싫어하는 요리는 뭐예요? ______________________

(4) 어떤 성격을 좋아해요? ______________________

(5) 고향에서 유명한 건 뭐예요? ______________________

(6) 지금 뭐 해요?(語幹+고 있다) ______________________

(7) 지금 어디에 있어요?(아/어 있다) ______________________

말하기 隣の友達と話してみましょう。

A: 옷은 어디에 있어요?

B: ______________________

A: 시계는 어디에 놓여 있어요?

B: ______________________

A: 무엇을 하고 있어요?

B: ______________________

A: 모두 앉아 있어요?

B: ______________________

듣기 1 質問に韓国語で答えてみましょう。

2-2

(1)

(2)

(3)

(4)

(5)

듣기 2 音声を聞いて質問に答えてみましょう。

2-3

(1)

(2)

(3)

(4)

(5)

읽기：한자 읽기 漢字の読み

성【性】	성별【性別】	여성【女性】	남성【男性】
격【格】	격언【格言】	합격【合格】	가격【価格】

꿀팁　음료수（飲料水，飲み物）単語のコロケーション

- 물 水 5級
- 커피 コーヒー 5級
- 주스 ジュース 5級
- 콜라 コーラ 4級
- 차 お茶 5級
- 홍차 紅茶 4級
- 소주 焼酎 準2級
- 맥주 ビール 4級
- 와인 ワイン 準2級
- 막걸리 マッコリ 準2級

차를 마시다	お茶を飲む	5級
차를 사다	お茶を買う	5級
차를 팔다	お茶を売る	5級
커피를 타다	コーヒーを入れる	準2級
커피를 내리다	コーヒーを入れる	準2級
커피를 주다	コーヒーをくれる	5級
주스가 달다	ジュースが甘い	4級
맥주가 시원하다	ビールが冷たい	3級
물이 차갑다	お水が冷たい	3級
물이 미지근하다	お水がぬるい	準2級
홍차가 뜨겁다	紅茶が熱い	3級
홍차가 식다	紅茶が冷める	3級
홍차가 따뜻하다	紅茶が温かい	3級
소주가 쓰다	焼酎が苦い	3級
소주가 맛없다	焼酎が不味い	5級
와인이 맛있다	ワインが美味しい	5級
와인이 비싸다	ワインが高い	5級
막걸리가 싸다	マッコリが安い	5級

コラム 3

大学入試

韓国の教育制度は，小学校6年，中学校3年，高校3年，大学4年であり，このうち，小学校と中学校が義務教育ですが，日本と違って毎年3月に新学期が始まります。

韓国では，「社会的成功は有名大学に入学することから始まる」という認識が強いため，子供に早期教育をさせることもよく聞かれます。2018年度の教育部の統計によると，2009年度77.8%まで上昇した高校卒業者の大学進学率が2017年度は68.9%まで下がったものの，相変わらずOECD（経済協力開発機構）の中では，最も大学進学率が高いです。

大学入試は「大学修学能力試験（日本のセンター試験）」と「各大学の入試試験（面接，高校の内申成績，各大学独自の評価）」から成り立ち，受験生は11月ごろに大学修学能力試験を受け，その成績によって受験大学を選び，それから各大学の入学試験を受けます。

大学入試の当日は，後輩たちが試験場の前で暖かいお茶やコーヒーなどを準備して応援したり，受験生の家族が祈りをささげたりする場面がよく見られます。また，朝ラッシュ時の混雑を防ぐため，会社の出勤時間が延ばされたり，遅刻しそうな受験生を警察がパトカーや公務用車両で輸送したり，英語のリスニング問題が流れる際には騒音防止のため飛行機の離着陸が一時中止されたりするのも毎年恒例です。

日本でも合格祈願として，縁起の良い「お守り」や「置物」などがありますが，韓国では，志望校にちゃんとくっついてほしいという望みから伝統飴や餅がプレゼントされます。また，問題の正解をきちんと刺すという意味合いで，フォークを，問題を解くという意味合いで（풀다：問題を解く，鼻をかむ），トイレットペーパーを，バックアップやサポートする意味合いで（밀다：押す，垢を落とす），赤すりをプレゼントしたりします。

人生の第一歩が決まるかもしれない大事な試験だけに様々な光景が見られますが，受験生本人にとっては，しんどい試験に間違いないでしょう。皆さんは，日本と韓国の受験戦争をどう思いますか。

【文法編】

제11과

学習目標 **友達を慰める**

過去連体形, 助詞「라도／이라도」, ㄴ／은 적이 있다／없다, 아／어 보다／보세요

지난주에 사귀던 여자 친구하고 헤어졌어요.

2-4 ※ ※本文会話文は、「ふつう→ゆっくり」スピードの音声が用意されています。

고은: 유타 씨, 무슨 일 있어요? 얼굴색이 안 좋아요.
[무슨 닐]

유타: 실은 지난주에 사귀던 여자 친구하고 헤어졌어요.

고은: 그래요. 힘들겠지만 힘내세요.
[힘들겐찌만]
그리고 기분전환으로 드라이브라도 하세요.
[기분저놔느로]
지난주에 간 해운대가 매우 좋았어요.
[조아써요]

유타: 저도 해운대에 간 적이 있어요. 헤어진 여자 친구하고요…ㅠㅠ

고은: 아, 미안해요. 그럼, 영화라도 보러 가 보세요.

유타야, 무슨 일 있어? 얼굴이 안 좋아.

실은 지난주에 사귀던 여자 친구하고 헤어졌어.

그래. 힘들겠지만, 힘내.
그리고 기분전환으로 드라이브라도 해.
지난주에 간 해운대가 굉장히 좋았어.

나도 해운대 간 적이 있어.
헤어진 여친하고… ㅠㅠ

아, 미안. 그럼, 영화라도 보러 가 봐.

 단어와 표현：単語と表現

얼굴색	顔色	4級
실은	実は	準2級
여자 친구	彼女，女友達	4級
헤어지다	別れる	3級
힘들다	大変だ，困難だ	4級
힘내다	頑張る，元気を出す	4級
기분전환	気分転換	2級
드라이브	ドライブ	準2級
라도／이라도	～でも	準2級
해운대	海雲台（地名）	

● 얼굴색／안색이 안 좋다
相手の元気ではない様子を心配して声をかける際に使われる表現です。얼굴색の場合は，색を省いて얼굴이 좋다／안 좋다／나쁘다とも言います。

● 여자 친구／남자 친구
「彼女／彼氏」を意味しますが，여친／남친とも言います。最近は，単なる異性の友達は，여사친（여자 사람 친구）／남사친（남자 사람 친구）と言い，恋人（애인）ではないことを表しています。

● 힘(을) 내다
直訳すると，力（힘）を出す（내다）という意味になります。相手を慰めたり，応援したりするときに使います。

● 매우／너무／아주／굉장히
後に続くことばの程度を強める「とても，非常に，かなり，凄く」にあたる表現です。

単語：들다 入る

들다は，「上げる，持つ，入る」という意味を有しますが，以下の表現は，決まった表現として覚えましょう。

- 나이가 들다 年を取る 4級
- 마음에 들다 気に入る 4級
- 잠이 들다 寝入る 4級
- 힘이 들다 大変だ，困難だ 4級
- 감기가 들다 風邪をひく 4級 （감기를 걸리다とも言います）
- 돈이 들다 お金がかかる 4級

이모티콘

日本語の絵文字（이모티콘：感情(emotion)とアイコン(icon)を合成した言葉）と同様に，韓国語では特殊文字やハングルを用いて感情を伝えます。

笑う	^^　*^^*　^ㅇ^　^ㅂ^　ㅎㅎ　ㅋㅋㅋ
喜ぶ	>ㅁ<　>ㅇ<
悲しい，泣く	ㅜ.ㅜ　ㅠ.ㅠ　ㅡ.ㅜ　ㅠㅠ　ㅜㅁㅜ
肯定	ㅇㅇ（うん）　ㅇㅋ（オッケー）

문법 文法

문법 1　動詞語幹 ＋ ㄴ／은「動詞の過去連体形」

すでに行われた事柄を表すときに使います。存在詞の過去連体形は，通常この形を使いませんので，注意しましょう。

動詞	母音語幹 ＋ ㄴ	어제 본 영화（昨日見た映画）
	子音語幹 ＋ 은	어제 먹은 요리（昨日食べた料理）
	ㄹ語幹【ㄹ脱落】＋ ㄴ	어제 만든 요리（昨日作った料理）

어제 본 영화는 별로 재미없었어요.（昨日見た映画はあまり面白くなかったです）

어제 먹은 요리가 너무 맛있었어요.（昨日食べた料理がとても美味しかったです）

어제 만든 요리는 비빔밥이에요.（昨日作った料理はビビンパです）

연습 1　助詞の使い分けに注意しながら文を完成させましょう。

일본／오다／것／여기／놓다　　일본에서 온 것은 여기에 놓아 주세요.

(1) 지난주／도착하다／물건／잠시／보이다　＿＿＿＿＿＿＿＿＿＿

(2) 친구들／가다／곳／저／소개하다　＿＿＿＿＿＿＿＿＿＿

(3) 일본 여행／보다／것／설명하다　＿＿＿＿＿＿＿＿＿＿

(4) 어제／울다／이유／모두／알리다　＿＿＿＿＿＿＿＿＿＿

(5) 한국／만나다／사람／전화하다　＿＿＿＿＿＿＿＿＿＿

(6) 손님／팔다／요리／또／만들다　＿＿＿＿＿＿＿＿＿＿

(7) 함께／오시다／분／여기／앉다　＿＿＿＿＿＿＿＿＿＿

(8) 선생님／받다／편지／여러분／읽다　＿＿＿＿＿＿＿＿＿＿

(9) 자리／앉으시다／부모님／앞／보다　＿＿＿＿＿＿＿＿＿＿

(10) 영화표／사다／학생／여기／기다리다　＿＿＿＿＿＿＿＿＿＿

(11) 편지／보내다／장소／우리／말하다　＿＿＿＿＿＿＿＿＿＿

(12) 서울／출발하시다／손님／이번／내리다　＿＿＿＿＿＿＿＿＿＿

문법 2　動詞語幹 ＋ 던「回想連体形」, 存在詞語幹 ＋ 던「過去連体形」

過去に行った経験を回想して述べるときに使います。ただし，存在詞있다，없다，계시다の場合は，있던，없던，계시던という形で単なる過去を表します。

動　詞	語幹 ＋ 던	자주 먹던 요리（よく食べていた料理）
存在詞	語幹 ＋ 던	여기에 있던 요리（ここにあった料理）

※ 話し言葉では，았던／었던のほうがよく使われます。

대학교 때 자주 먹던 요리예요.（大学の時，よく食べていた料理です）

친구하고 놀던 가게에 다시 가고 싶어.（友達と遊んでいた店にまた行きたい）

여기에 있던 요리를 누가 먹었어요?（ここにあった料理を誰が食べましたか）

연습 2 助詞の使い分けに注意しながら文を完成させましょう。

자주／가다／가게／생각나다　　자주 가던 가게가 생각나요.

(1) 작년／자주／입다／옷　＿＿＿＿＿＿

(2) 남동생／함께／놀다／가게　＿＿＿＿＿＿

(3) 지난주／사귀다／사람／헤어지다　＿＿＿＿＿＿

(4) 이게／아빠／타다／자전거　＿＿＿＿＿＿

(5) 교실／있다／책／없어지다　＿＿＿＿＿＿

(6) 여기／중학생／때／살다／집　＿＿＿＿＿＿

(7) 자주／울다／아이／지금／대학생　＿＿＿＿＿＿

(8) 선배들／연습하다／장소／여기　＿＿＿＿＿＿

(9) 저기／계시다／분／변호사　＿＿＿＿＿＿

(10) 지난달／좋아하다／사람／결혼했다　＿＿＿＿＿＿

(11) 손님／옆／있다／가방／찾고 있다　＿＿＿＿＿＿

(12) 부모님／만드시다／요리／먹고 싶다　＿＿＿＿＿＿

문법 文法

문법 3　形容詞・指定詞語幹 ＋ 던 「形容詞・指定詞の過去連体形」

過去の状態を表しますが，話し言葉では，았던／었던のほうがよく使われます。

形容詞	語幹 ＋ 던	조용하던 가게 (静かだった店)
指定詞	語幹 ＋ 던	대학생이던 남동생 (大学生だった弟)

조용하던 가게가 지금은 사람이 많아요. (静かだった店が今は人が多いです)

대학생이던 남동생이 벌써 결혼해요. (大学生だった弟がもう結婚します)

연습 3 助詞の使い分けに注意しながら文を完成させましょう。

성격／좋다／사람／바뀌었다　　성격이 좋던 사람이 바뀌었어요.

(1) 춥다／날씨／오늘／따뜻하다　＿＿＿＿＿＿＿＿

(2) 비싸다／과일／올해／싸다　＿＿＿＿＿＿＿＿

(3) 많다／손님／별로／없다　＿＿＿＿＿＿＿＿

(4) 친구／사이／요즘／안 좋다　＿＿＿＿＿＿＿＿

문법 4　名詞 ＋ 라도／이라도 「助詞：でも」

母音終わりの名詞 ＋ 라도	차라도 할까요? (お茶でもしましょうか)
子音終わりの名詞 ＋ 이라도	게임이라도 하죠. (ゲームでもしましょう)

연습 4 助詞の使い分けに注意しながら文を完成させましょう。

어디／같이／식사／하다　　어디서 같이 식사라도 할까요?

(1) 주말／영화／보다／가다　＿＿＿＿＿＿＿＿

(2) 어디／가다／커피／마시다　＿＿＿＿＿＿＿＿

(3) 내일／집／요리／만들다　＿＿＿＿＿＿＿＿

(4) 다음 주／함께／공원／달리다　＿＿＿＿＿＿＿＿

문법 5　動詞語幹 + ㄴ/은 적이 있다/없다 「~したことがある/ない」

動詞の過去連体形+적이 있다/없다という形で，過去の経験の有無を表します。

動詞	母音語幹 + ㄴ 적이 있다	본 적이 있다 (見たことがある)
	子音語幹 + 은 적이 있다	먹은 적이 있다 (食べたことがある)
	ㄹ語幹【ㄹ脱落】+ ㄴ 적이 있다	만든 적이 있다 (作ったことがある)

그 책은 저도 읽은 적이 있어요. (その本は私も読んだことがあります)

한국요리를 만든 적이 없어요. (韓国料理を作ったことがありません)

연습 5 助詞の使い分けに注意しながら文を完成させましょう。

3년 전/일본/유학하다　　3년 전에 일본에서 유학한 적이 있어요.

(1) 제주도/배/가다　　＿＿＿＿＿＿＿＿

(2) 선생님/편지/보내다　　＿＿＿＿＿＿＿＿

(3) 선배/함께/도쿄/근처/살다　　＿＿＿＿＿＿＿＿

문법 6　動詞語幹 + 아/어 보다 「~てみる」

動詞語幹+아/어 보세요という尊敬形で，「~てみてください」という意味となります。

陽母音 + 아 보다	닫다 (閉める)　→　닫아 보다 (閉めてみる)
陰母音 + 어 보다	열다 (開ける)　→　열어 보다 (開けてみる)
하다 → 해 보다	말하다 (話す)　→　말해 보다 (話してみる)

조금 더 마셔 보고 싶어요. (もう少し飲んでみたいです)

연락을 한 번 해 보세요. (連絡を一度してみてください)

연습 6 助詞の使い分けに注意しながら文を完成させましょう。

노래/여기/한 번/연습하다　　노래를 여기서 한 번 연습해 보세요.

(1) 서울/부산/기차/가다　　＿＿＿＿＿＿＿＿

(2) 가족/같이/만나다/오다　　＿＿＿＿＿＿＿＿

(3) 선물/요리/만들다/주다　　＿＿＿＿＿＿＿＿

종합연습 総合練習

쓰기 | 質問に対する答えを書いてみましょう。

(1) 부모님 생일에 드린 선물은 뭐예요? ______________________

(2) 고등학교 때 자주 놀러 가던 곳은 어디예요? ______________________

(3) 부산에 가 본 적이 있어요? ______________________

(4) 최근에 무엇을 해 보고 싶어요? ______________________

(5) 최근에 본 영화는 뭐예요? ______________________

말하기 | 隣の友達と話してみましょう。

A: ____________에 가 본 적이 있어요?

B: ______________________________

A: 거기서 무엇을 했어요?

B: ______________________________

A: 여름방학에 어디에 가요 ?

B: ______________________________

A: 거기서 무엇을 해 보고 싶어요?

B: ______________________________

듣기 1 質問に韓国語で答えてみましょう。

2-5

(1) ________________

(2) ________________

(3) ________________

(4) ________________

(5) ________________

듣기 2 音声を聞いて質問に答えてみましょう。

2-6

(1) ________________

(2) ________________

(3) ________________

(4) ________________

읽기 : 한자 읽기 漢字の読み

전【転】	전학【転学】	전입【転入】	이전【移転】
환【換】	환기【換気】	교환【交換】	변환【変換】

【文法編】

제 12 과

学習目標 **友達を誘う**

未来連体形, ㄹ/을 때, 助詞「랑/이랑」, ㄹ/을 것이다, ㄹ래요/을래요

저랑 학원 같이 다닐래요?

※本文会話文は、「ふつう→ゆっくり」スピードの音声が用意されています。

2-7

유타: 겨울방학에 뭐 할 거예요?
[할 꺼예요]

고은: 운전면허를 딸 예정이에요. 유타 씨, 면허 있어요?
[며너]

유타: 창피하지만 여름방학 때 떨어졌어요. ㅠㅠ

고은: 그럼, 저랑 학원 같이 다닐래요?
[가치]

혼자보다 둘이 더 재미있을 거예요.
[재미이쓸 꺼예요]

유타: 음… 알았어요. 그럼, 접수하러 갈 때 같이 가죠.

고은: 저만 믿으세요. 꼭 합격할 거예요. ^ ^
[합껴칼 꺼예요]

겨울방학에 뭐 할 거야?

운전면허 딸 예정이야. 너는 면허 있어?

창피하지만, 여름방학 때 떨어졌어. ㅠ.ㅠ

그럼, 나랑 학원 같이 다닐래? 혼자보다 두 사람이 더 재미있을 거야.

음… 알았어. 그럼, 접수하러 갈 때 함께 가(자).

나만 믿어. 꼭 합격할 거야.^ ^

단어와 표현：単語と表現

운전	運転	準２級
면허	免許	準２級
따다	取る（免許），摘む	３級
예정	予定	４級
창피하다	恥ずかしい	準２級
랑／이랑	～と，～とか（助詞）	３級
학원	学院，塾	準２級
혼자(서)	一人，一人で	４級
둘이(서)	二人，二人で	４級
더	もっと，さらに	５級
접수하다	受付する	準２級
믿다	信じる	４級
합격하다	合格する	３級

● 창피하다／부끄럽다（3級）
창피하다は，恥をかいた意味合いの恥ずかしさを意味し，부끄럽다は，照れくさくて恥ずかしいという意味に近いです。

● 혼자(서)
「一人で」は，혼자서ですが，それ以外は，이서をつけます。서は，省略できます。셋이서（三人で），넷이서（四人で）

● 더
「もっと」「さらに」の意味を表しますが，「もう少し」「もう一度」の場合は，조금 더，한 번 더のように，日本語と並び方が違うので，注意しましょう。

● 너（お前）／당신（あなた）
너は，家族や友達に対して，당신は，夫婦間や見知らぬ人に対して使われる表現です。ただし，「お前の」は，네となり，「お前が」は，네가となります。近年は，너より니のほうが使われます。

単語：탈 것 乗り物

- 타다 乗る ５級
- 멀미하다 酔う 準２級
- 빠르다 早い ４級
- 출발하다 出発する ４級
- 도착하다 到着する ４級

- 멈추다 止まる ３級
- 세우다 止める ５級
- 내리다 降りる ５級
- 잡다 拾う ５級
- 느리다 遅い ４級

문법 文法

문법 1　用言語幹 ＋ ㄹ／을 「用言の未来連体形」

まだ実現していない未来の事柄を表します。存在詞の場合は，있을，없을，계실となります。

用言	母音語幹 ＋ ㄹ	내일 만날 장소 (明日，会う場所)
	子音語幹 ＋ 을	내일 먹을 요리 (明日，食べる料理)
	ㄹ語幹【ㄹ脱落】＋ ㄹ	내일 만들 요리 (明日，作る料理)

내일 만날 장소를 정했습니다. (明日，会う場所を決めました)

내일 만들 요리를 확인해 주세요. (明日，作る料理を確認してください)

손님이 많을 경우에는 전화 주세요. (お客さんが多い場合にはお電話ください)

내일 있을 회의는 뭐예요? (明日，行われる会議はなんですか)

연습 1 助詞の使い分けに注意しながら文を完成させましょう。

내일／만나다／시간／장소／알리다　내일 만날 시간과 장소를 알려 주세요.

(1) 버스／타다／장소／저／말하다 ______

(2) 저녁／준비하다／요리／한 번 더／설명하다 ______

(3) 내일／공항／도착하다／시간／알리다 ______

(4) 도쿄／손님／출발하다／시간／확인하다 ______

(5) 회의／만나다／분／우리／소개하다 ______

(6) 학생／경우／미리／연락하다 ______

(7) 손님／팔다／물건／보이다 ______

(8) 모두／함께／쉬다／곳／찾다 ______

(9) 선생님／계시다／장소／저희／가르치다 ______

(10) 아프다／경우／손／들다 ______

문법 2　用言語幹 ＋ ㄹ／을 때「~する時」, 았을／었을 때「~した時」

用言と時（때）が結合する場合は, 時制に関係なく慣用的にㄹ／을 때または았을／었을 때を使います。名詞の場合は, 학생일 때／학생이었을 때／학생 때, どれでも構いません。

用言	母音語幹 ＋ ㄹ 때	만나다（会う） → 만날 때（会う時）
	子音語幹 ＋ 을 때	먹다（食べる） → 먹을 때（食べる時）
	ㄹ語幹【ㄹ脱落】＋ ㄹ 때	만들다（作る） → 만들 때（作る時）
過去	語幹 ＋ 았을／었을 때	어리다（幼い） → 어렸을 때（幼かった時）

눈이 내릴 때는 길이 많이 막혀요.（雪が降る時は, 道がとても混みます）

신주쿠에 살았을 때는 자주 갔어요.（新宿に住んでいた時は, よく行きました）

어렸을 때는 공부를 잘했어요.（幼かった時は, 勉強ができました）

중학생일 때는 운동을 좋아했어요.（中学生の時は, 運動が好きでした）

연습 2　助詞の使い分けに注意しながら会話を完成させましょう。

A: 일이 많을 때는 어떻게 해요?　　B: 친구와 가족에게 부탁해요.

(1) A: 학교／안 가다／때／뭐／하다

B: 친구／만나다／놀다

(2) A: 어리다／때／뭐／좋아했다

B: 공부／밖／친구／놀다／것／좋아했다

(3) A: 한국／있다／때／어디／가다／봤다

B: 자주／요리／유명하다／가게／갔다

(4) A: 보통／한가하다／때／뭐／하다

B: 근처／있다／학원／요리／배우다／다니다

(5) A: 기분／나쁘다／때／어떻게／하다

B: 친구／유타／재미있다／영화／보다／가다

문법 文法

문법 3　名詞 + 랑／이랑「助詞：と」

와／과(하고)の話し言葉であり，하고よりやや砕けた印象を与えます。

母音終わりの名詞 + 랑	친구랑 여동생 (友達と妹)
子音終わりの名詞 + 이랑	빵이랑 우유 (パンと牛乳)

연습 3 助詞の使い分けに注意しながら文を完成させましょう。

친구／여동생／연락하다　　친구랑 여동생에게도 연락해 주세요.

(1) 신문／커피／사 오다　＿＿＿＿＿＿＿＿

(2) 커피／주스／시키다　＿＿＿＿＿＿＿＿

(3) 책상／침대／정리하다　＿＿＿＿＿＿＿＿

문법 4　用言語幹 + ㄹ／을 것이다「～つもり，～でしょう」

未来連体形+것이다という形で，意思・予定・推量を表します。会話では，ㄹ／을 것입니다がㄹ／을 겁니다に，ㄹ／을 것이에요がㄹ／을 거예요に縮約されます。

母音語幹 + ㄹ 것이다	만나다 (会う) → 만날 것이다 (会うつもりだ)
子音語幹 + 을 것이다	먹다 (食べる) → 먹을 것이다 (食べるつもりだ)
ㄹ語幹【ㄹ脱落】+ ㄹ 것이다	만들다 (作る) → 만들 것이다 (作るつもりだ)

【意志】　내일은 12시까지 갈 거예요. (明日は12時までに行くつもりです)

【予定】　다음 주에 회의가 있을 거예요. (来週に会議があります)

【推量】　아마 도착했을 거예요. (多分，到着したでしょう)

연습 4 助詞の使い分けに注意しながら文を完成させましょう。

한국／봄／따뜻하다　　한국은 봄이어서 따뜻할 거예요.

(1) 내일／일요일／오전／가다　＿＿＿＿＿＿＿＿

(2) 과일／싸다／잘／팔리다　＿＿＿＿＿＿＿＿

(3) 손님／많다／음식／맛있다 ＿＿＿＿＿＿＿＿＿＿＿＿＿＿＿

(4) 날씨／좋다／공원／놀다 ＿＿＿＿＿＿＿＿＿＿＿＿＿＿＿

문법 5　動詞語幹 ＋ ㄹ래요／을래요「～ます, ～ますか」

叙述形では，話し手の意志を表しますが，疑問形では，相手の意向を問う表現として使われます。話し言葉として親しい間柄で使われますが，目上の人には失礼を与えかねません。相手の意向を尋ねるㄹ까요／을까요（8課）が，話し手の働きかけに焦点が置かれる一方，ㄹ래요／을래요は，単に相手の意向に焦点が置かれます。

母音語幹 ＋ ㄹ래요	가다（行く） → 갈래요（行きます）
子音語幹 ＋ 을래요	먹다（食べる） → 먹을래요（食べます）
ㄹ語幹【ㄹ脱落】＋ ㄹ래요	만들다（作る） → 만들래요（作ります）

【話し手：意志】　오늘은 집에서 쉴래요.（今日は家で休みます）

【相　手：意向】　언제 만들래요?（いつ作りますか）

연습 5　助詞の使い分けに注意しながら会話を完成させましょう。

A: 영화라도 함께 볼래요?　　B: 피곤해서 집에서 쉴래요.

(1) A: 저기／차／마시다

B: 시간／없다／그냥／가다

(2) A: 여기／잠시／쉬다

B: 너무／늦다／지금／출발하다

(3) A: 내일／11시／만나다

B: 기분／안 좋다／집／있다

(4) A: 같이／바다／보다／가다

B: 시험／있다／학교／공부하다

(5) A: 맛있다／요리／먹다／가다

B: 돈／없다／집／만들다／먹다

종합연습 総合練習

쓰기 質問に対する答えを書いてみましょう。

(1) 어렸을 때는 무엇을 잘했어요? ____________________

(2) 안 바쁠 때는 주로 뭘 하세요? ____________________

(3) 가족이랑 자주 가는 곳은 어디예요? ____________________

(4) 주말에는 뭘 할거예요? ____________________

(5) 같이 식사라도 할래요? ____________________

말하기 隣の友達に説明してみましょう。

A: ________ 때는 뭘 해요?

B: ____________________

________ 씨는 뭘 하세요?

A: ____________________

A: ________(에) 시간 있어요? 같이 ________ㄹ래요/을래요?

B: 미안하지만, ____________________

A: 그럼, ________는/은 어때요?

B: 알았어요. ____________________

듣기 1 質問に韓国語で答えてみましょう。

2-8

(1) ______

(2) ______

(3) ______

(4) ______

(5) ______

듣기 2 音声を聞いて質問に答えてみましょう。

2-9

(1) ______

(2) ______

(3) ______

(4) ______

읽기 : 한자 읽기 漢字の読み

예【予】	예감【予感】	예약【予約】	예견【予見】
정【定】	정식【定食】	정기【定期】	확정【確定】

【文法編】

제 13 과

学習目標 **状況を推測する**

것 같다, 면/으면, 助詞「로/으로(方向)」, ㄴ데/은데/는데, 려고/으려고 하다

오후에는 비가 올 것 같은데요.

2-10 ※ ※本文会話文は、「ふつう→ゆっくり」スピードの音声が用意されています。

부장님: 고은 씨, 이쪽으로 잠깐만 와 보세요.

고은: 무슨 일이세요?
[무슨 니리세요]

부장님: 다나카 과장님 몇 시에 만나죠?
[멷 씨에]

고은: 오후 4시가 약속이어서 3시에 출발하려고 합니다.
[약쏘기어서]

부장님: 오후에 비가 올 것 같은데요.
특별히 바쁘지 않으면 2시에 같이 가죠.
[특벼리] [아느면] [가치]

고은: 부장님과 함께요?

부장님: 왜요? 불편하세요?
[불펴나세요]

고은: 아뇨… (칫, 혼자가 좋은데…)
[조은데]

고은 씨, 이쪽으로 잠시만 와 봐.
무슨 일이죠?
다나카 과장님 몇 시에 만나지?
오후 4시가 약속이라서 3시에 출발하려고요.
오후엔 비가 올 것 같은데, 특별히 안 바쁘면 2시에 같이 가지.
부장님하고요?
왜? 불편해?
아뇨… (윽, 혼자가 편한데…)

단어와 표현：単語と表現

로／으로	～へ，～に（方向）	5級
잠깐	しばらく，ちょっと	4級
과장	課長	3級
비	雨	5級
특별히	特に，特別に	3級
불편하다	不便だ，居心地悪い	3級
편하다	楽だ，便利だ	4級

● 잠깐／잠시
잠시のほうが丁寧な印象を与えますので，フォーマルな場面では，잠시を使いましょう。

● 마음이 편하다／불편하다
편하다／불편하다は，楽だ／不便だという意味ですが，마음（心）や기분（気分）を表す場合は，「気楽だ」「居心地悪い」という意味となります。

● 칫
舌打ちをしたときの擬声語ですが，怒っている，拗ねている，嫌だという気持ちを表す。흥，쀼とも言います。

単語：직함 役職・肩書

韓国語では，役職・肩書のことを직함（職銜），직급（職級），직위（職位）などと言います。日本語では，「社長」「部長」「課長」などの役職名には敬称が込められているため，「様」「殿」をつけません。しかし，韓国語では，님（様）をつけないと，失礼な表現となりますので，注意しましょう。

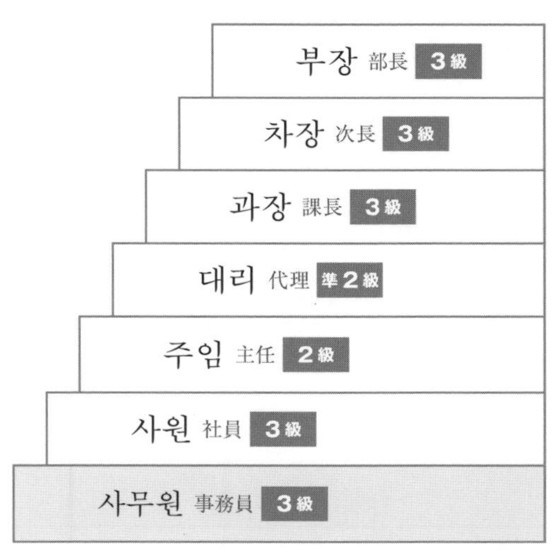

※ 대리は，日本にはない役職で，入社後数年経つと与えられます。

문법 文法

문법 1　連体形 + 것 같다「~ようだ, ~そうだ」

ある状況に対する話し手の判断や推測，すなわち「~ようだ」「~そうだ」「~と思う」という意味を表します。現在連体形+것 같다がより確かな判断や推測を表すに対し，未来連体形+것 같다は，漠然とした判断や推測を表します。そして，一般的に動詞以外の過去連体形の場合は，았던/었던が用いられます。

	過去	現在	未来	
動　詞	았던/었던, ㄴ/은	는	ㄹ/을	것 같다
存在詞	았던/었던	는	ㄹ/을	
形容詞	았던/었던	ㄴ/은	ㄹ/을	
指定詞	였던/이었던	ㄴ	ㄹ	

어제 눈이 내린 것 같아요. (昨日，雪が降ったようです)

지금 눈이 내리는 것 같아요. (今，雪が降っているようです)

내일 눈이 내릴 것 같아요. (明日，雪が降りそうです)

어제 학교에 없었던 것 같아요. (昨日，学校にいなかったようです)

대학생이었던 것 같아요. (大学生だったようです)

연습 1 助詞の使い分けに注意しながら文を完成させましょう。

이/신발/조금/작다　　이 신발은 조금 작은 것 같아요.

(1) 어제/비/많이/오다　　＿＿＿＿＿＿＿＿

(2) 부장님/벌써/회사/도착하다　　＿＿＿＿＿＿＿＿

(3) 지금/집/아무도/없다　　＿＿＿＿＿＿＿＿

(4) 집/병원/전철/가다　　＿＿＿＿＿＿＿＿

(5) 이것/저것/더/비싸다　　＿＿＿＿＿＿＿＿

(6) 올해/크리스마스/날씨/좋다　　＿＿＿＿＿＿＿＿

(7) 내년/3월/미국/있다　　＿＿＿＿＿＿＿＿

문법 2 用言語幹 + 면/으면「~ば, ~たら, ~と, ~なら」

仮定や条件，すなわち「~ば」「~たら」「~と」「~なら」の意味を表します。

動詞 存在詞 形容詞	母音/ㄹ語幹 + 면	名詞	母音終わりの名詞 + 면
	子音語幹 + 으면		子音終わりの名詞 + 이면

날씨가 좋으면 영화라도 보러 가요.（天気が良ければ映画でも見に行きましょう）

일요일이면 시간이 있어요.（日曜日なら時間があります）

연습 2 助詞の使い分けに注意しながら文を完成させましょう。

약속/없다/놀다/오다 　　약속이 없으면 놀러 오세요.

(1) 모르다/것/있다/전화하다 　　＿＿＿＿＿＿＿＿

(2) 배/고프다/좀 더/드시다 　　＿＿＿＿＿＿＿＿

(3) 일/힘들다/잠시/쉬다 　　＿＿＿＿＿＿＿＿

(4) 올해/입학하다/학생/여기/앉다 　　＿＿＿＿＿＿＿＿

문법 3 名詞 + 로/으로「助詞：へ, に」

ある場所への方向を表します。학교에 가요の에が학교という目標地を表すに対し，학교로 가요の로/으로は，単に方向だけを表します。

母音/ㄹ終わりの名詞 + 로	시골로 가요.（田舎へ行きます）
子音終わりの名詞 + 으로	이쪽으로 와 주세요.（こちらへ来てください）

연습 3 助詞の使い分けに注意しながら文を完成させましょう。

졸업하다/학생/저쪽/가다 　　졸업한 학생은 저쪽으로 가 주세요.

(1) 가방/정리하다/신입생/이쪽/가다 　　＿＿＿＿＿＿＿＿

(2) 식사/끝내다/사람/교실/오다 　　＿＿＿＿＿＿＿＿

(3) 시험/끝나다/분/여기/모이다 　　＿＿＿＿＿＿＿＿

문법 文法

문법 4　用言語幹 ＋ ㄴ데／은데／는데 「前置き」

状況説明や理由，対照などに用いられる前置き表現です。文脈によって「～が／けれど」「～から」「～のに」などに訳されます。는데요，ㄴ데요／은데요のように，文末表現요と結合すると，「～ですが…」という婉曲な表現になります。

	過去		現在	
動　詞	았는데／었는데	갔는데	는	가는데
存在詞	았는데／었는데	있었는데	는	있는데
形容詞	았는데／었는데	작았는데	ㄴ／은	작은데
指定詞	였는데／이었는데	주부였는데	ㄴ	주부인데

【説明】　식사하러 가는데 같이 갈래요?（食事しに行くけど，一緒に行きますか）

【理由】　좀 바쁜데 다음에 이야기해요.（少し忙しいから次回話しましょう）

【対照】　운동은 잘하는데 공부는 못해요.（運動は得意だけど，勉強は苦手です）

연습 4　助詞の使い分けに注意しながら文を完成させましょう。

성격／좋다／애인／없다　　성격은 좋은데 애인이 없어요.

(1) 만들다／것／좋아하다／맛／없다　＿＿＿＿＿＿＿＿

(2) 약속／없다／아무도／안 만나고 싶다　＿＿＿＿＿＿＿＿

(3) 친구들／모두／키／크다／저／작다　＿＿＿＿＿＿＿＿

(4) 남동생／고등학생／매일／알바하다　＿＿＿＿＿＿＿＿

(5) 두 사람／작년／사귀다／자주／싸우다　＿＿＿＿＿＿＿＿

(6) 지난주／놀다／가다／아무도／없다　＿＿＿＿＿＿＿＿

(7) 지난달／대학생／이번 달／회사원　＿＿＿＿＿＿＿＿

(8) 빨리／출발하다／늦게／도착하다　＿＿＿＿＿＿＿＿

(9) 오늘／일요일／회사／일하다／가다　＿＿＿＿＿＿＿＿

문법 5　動詞語幹 + 려고／으려고 하다 「～ようと思う」

話し手の意図を表します。会話では，動詞語幹+려고／으려고 해요が動詞語幹+려고요／으려고요と縮約されます。

母音／ㄹ語幹 + 려고 하다	가다（行く）　→ 가려고 해요（行こうと思います）
子音語幹 + 려고 하다	먹다（食べる）→ 먹으려고 해요（食べようと思います）

일이 끝나서 집에 돌아가려고 해요.（仕事が終わったから帰ろうと思います）

저녁은 카레를 만들려고요.（夕飯はカレーを作ろうと思いまして）

집에 도착하면 먹으려고 해요.（家に着いたら食べようと思います）

연습 5 助詞の使い分けに注意しながら会話を完成させましょう。

A: 어디에 가요?　　B: 피곤해서 방에서 조금 쉬려고요.

(1) A: 왜／아무것도／안 먹다

B: 살찌다／오늘／다이어트하다

(2) A: 은행／뭐／하다

B: 현금／없다／돈／찾다

(3) A: 왜／말하지 않다

B: 친구／약속하다／비밀／지키다

(4) A: 어디／가다

B: 도서관／책／빌리다／공부하다

(5) A: 왜／장소／옮기다

B: 손님／없다／다르다／곳／가다

(6) A: 언제／시작하다

B: 선생님／지금／오시다／1시／시작하다

제 13 과

종합연습 総合練習

쓰기 質問に対する答えを書いてみましょう。

(1) 내일 날씨는 좋을 것 같아요? ____________________

(2) 학교를 졸업하면 뭘 하고 싶어요? ____________________

(3) 전화를 걸었을 때 어떻게 자기소개를 해요? ____________________

(4) 내일은 뭘 할 거예요?(려고／으려고) ____________________

(5) 오른쪽으로 가면 어디가 나와요? ____________________

말하기 隣の友達に説明してみましょう。

A: 옷 사이즈는 어때요?

B: ____________________것 같아요.

A: 그럼, 신발은 어때요?

B: ____________________것 같아요.

A: 여보세요? 저는 __________, __________계세요?

B: 지금 ________러／으러 가서 ______________

A: 그럼, 언제쯤 돌아오세요?

B: 글쎄요. ________면／으면 ________________

듣기 1 質問に韓国語で答えてみましょう。

2-11

(1) ________________

(2) ________________

(3) ________________

(4) ________________

(5) ________________

듣기 2 音声を聞いて質問に答えてみましょう。

2-12

(1) ________________

(2) ________________

(3) ________________

(4) ________________

읽기 : 한자 읽기 漢字の読み

불【不】	불만【不満】	불안【不安】	불신【不信】
편【便】	편리【便利】	편승【便乗】	방편【方便】

※【不】ㄷ,ㅈで始まる名詞について否定の意味を表す場合は，부で読み，それ以外は불で読みます。
부도덕【不道徳】，부자유【不自由】

【文法編】

제 14 과

学習目標 **約束を取り消す**

ㄹ語幹用言, ㄹ／을 수 있다／없다, 니까／으니까, 아야／어야 하다／되다

갑자기 일이 생겨서 같이 저녁을 먹을 수 없어요.

※ ※本文会話文は、「ふつう→ゆっくり」スピードの音声が用意されています。

2-13

유타: 고은 씨, 갑자기 일이 생겨서 같이 저녁을 먹을 수 없어요.
[갑짜기] [머글 쑤 업써요]

미안해요. 대신에 이번 주 주말에 제가 살게요.
[미아내요] [살께요]

고은: 주말은 제가 바쁘니까 다음에 만나요.
하지만 꼭 맛있는 것 사 줘야 돼요.
[마신는]

유타: 알겠어요.
좀 먼 곳이지만, 전주에 가면 맛있고 유명한 가게가 많아요.
[마싣꼬]

고은: 저는 유타 씨만 믿겠어요.
[믿께써요]

진짜, 기대돼요.

고은아, 갑자기 일이 생겨서 같이 저녁 먹을 수 없어. 미안. 대신에 이번 주 주말에 내가 살게.

주말은 내가 바쁘니까 다음에 만나(자). 하지만 꼭 맛있는 거 사 줘야 돼.

알았어. 좀 먼 곳이지만, 전주에 가면 맛있고 유명한 가게가 많아.

난 유타만 믿을게. 진짜, 기대된다.

단어와 표현：単語と表現

갑자기	急に，突然	4級
생기다	生じる，出来る	4級
대신	代わり	4級
다음	次，後	5級
전주	全州（地名）	
진짜	本当，本物	4級
기대	期待，楽しみ	3級

● 사다／쏘다
「おごる」という意味で사다の代わりに，쏘다もよく使われます。

● 진짜／정말
정말のほうが丁寧な印象を与えます。フォーマルな場面では，정말を使いましょう。

● 기대돼요
これから起こることにワクワクする気持ちを表します。例えば，「会うのが楽しみです」を韓国語では，만나는 게 기대돼요と言います。

제
14
과

話し言葉の縮約形

第6課で，話し言葉における指示語と助詞の縮約形を紹介しましたが，この課ではさらに，それ以外のいくつかの縮約形を紹介します。

助詞「は」	는 → ㄴ	저는（私は）→ **전**
助詞「には」	에는 → 엔	주말에는（週末には）→ 주말엔
助詞「を」	를 → ㄹ	저를（私を）→ **절**
助詞「で／から」	에서 → 서	여기에서（ここで／から）→ 여기서※
こと・もの	것 → 거	이것은（これは）→ 이거는 → 이건 이것이（これが）→ 이거가 → 이게 이것을（これを）→ 이거를 → 이걸
指定詞語幹「이」	이 → 省略	제 거(것)입니다（私の物です）→ 제 겁니다

※ 主に場所名詞（여기，거기，저기，어디）で縮約されます。

한 걸음 더 Learn more　더치페이

割り勘のことを**더치페이**と言います。一昔前は，割り勘するというより，年上の人が払ったり，男性のほうが払ったりすることが多かったです。そして，親しい間柄では，交互に支払うことが多かったですが，最近は，**더치페이**をすることも非常に増えています。n**분의** 1，**엔빵**，**각자 부담**とも言います。

문법 文法

문법 1 ㄹ語幹用言

1. 子音語幹ではなく母音語幹として扱います。

●仮定・条件（면／으면）	만들 ＋ 면	→ 만들면（作ったら）
●動作の目的（러／으러 가다）	만들 ＋ 러 가다	→ 만들러 가다（作りに行く）※

2. その上，ㄴ，ㄹ，ㅂ，ㅅで始まる語尾が続くと，【ㄹ脱落】します。

●【ㄴ】 現在連体形（動詞語幹＋는）	만들＋는	→ 만드는
●【ㄹ】 意志・確認（ㄹ게요／을게요）	만들＋ㄹ게요	→ 만들게요（終声のㄹ語尾）
●【ㅂ】 합니다体（ㅂ니다／습니다）	만들＋ㅂ니다	→ 만듭니다
●【ㅅ】 尊敬形（세요／으세요）	만들＋세요	→ 만드세요

※ 初声のㄹで始まる語尾（러／으러など）が続くと，ㄹ脱落は起きません。

연습 1 次の表を完成させてみましょう。

	意味	仮定	連体形	합니다	尊敬形	해요
알다						
살다						
울다						
들다						
팔다						
놀다						
멀다						

번역 翻訳：日本語を韓国語に直してみましょう。

(1) その方が住んでいるところをご存知ですか。 ＿＿＿＿＿＿＿＿

(2) 時間があったら遊びに来てください。 ＿＿＿＿＿＿＿＿

(3) 来月から市場で売るつもりです。 ＿＿＿＿＿＿＿＿

(4) 今泣いている子が私の妹です。 ＿＿＿＿＿＿＿＿

문법 2　動詞語幹 ＋ ㄹ／을 수 있다／없다「～できる／できない」

可能・不可能，すなわち「～できる」「～できない」の意味を表します。状況によって，助詞と共にㄹ／을 수（가／는／도） 있다／없다という言い方もできます。

母音語幹 ＋ ㄹ 수 있다／없다	만나다（会う）→ 만날 수 있어요／없어요
子音語幹 ＋ 을 수 있다／없다	읽다（読む） → 읽을 수 있어요／없어요
ㄹ語幹【ㄹ脱落】＋ ㄹ 수 있다／없다	팔다（売る） → 팔 수 있어요／없어요

날씨가 좋으면 만날 수 있어요.（天気が良ければ会うことができます）

여기선 팔 수 없어요.（ここでは売ることができません）

연습 2 助詞の使い分けに注意しながら会話を完成させましょう。

A: 지금 출발하면 탈 수 있어요?　　B: 아뇨, 너무 늦어서 탈 수 없어요.

(1) A: 일／끝나다／만나다

B: 약속／있다／만나다

(2) A: 지금／가다／점심／사 주다

B: 지갑／잃어버리다／사 주다

(3) A: 여기／기다리다／받다

B: 전부／팔리다／받다

(4) A: 지금／시작하다／만들다

B: 시간／부족하다／만들다

번역 翻訳：日本語を韓国語に直してみましょう。

(1) 出発できる時間はいつですか。 ______________________

(2) ご飯が食べられるところを教えてください。 ______________________

(3) 行けない理由を説明してください。 ______________________

(4) 電話できない時は，メールでお願いします。 ______________________

문법 文法

문법 3　用言語幹 ＋ 니까／으니까「～から, ～ので」

理由・原因を表します。過去形は**았으니까**／**었으니까**となります。名詞は, **이니까**（現在形）もしくは**였으니까**／**이었으니까**（過去形）となります。また, 文末表現として**니까요**／**으니까요**, **았으니까요**／**었으니까요**という形で, 理由・原因の根拠を説明するときも使います。

母音語幹 ＋ 니까	배우다（習う）→ 배우니까（習うから／ので）
子音語幹 ＋ 으니까	좋다（良い）　→ 좋으니까（良いから／ので）
ㄹ語幹【ㄹ脱落】 ＋ 니까	멀다（遠い）　→ 머니까（遠いから／ので）

※ 니까／으니까は, 相手の行動を促す依頼・命令・勧誘などを表す文とよく使われます。一方, 아서／어서は, 使えないので, 注意しましょう。

집이 머니까 여기서 버스를 타죠.（家が遠いからここからバスに乗りましょう）

날씨가 좋으니까 사람들이 많아요.（天気が良いから人達が多いです）

길이 막히니까／막혀서(×) 전철로 가죠.（道が混んでいるから電車で行きましょう）

연습 3 助詞の使い分けに注意しながら会話を完成させましょう。

A: 내일 어떻게 할까요?　　B: 사람이 너무 많으니까 다음에 가죠.

(1) A: 식사／어디／하다

B: 날씨／따뜻하다／밖／먹다

(2) A: 회의／몇 시／시작하다

B: 모두／피곤하다／오후／시작하다

(3) A: 같이／부모님／만나다

B: 부모님／바쁘다／다음／만나다

(4) A: 여기／병원／어떻게／가다

B: 그렇게／멀지 않다／걸어서／가다

(5) A: 요리／제／만들다

B: 시간／많이／걸리다／그냥／사 먹다

문법 4　用言語幹 + 아야／어야 하다／되다「〜なければならない」

義務と必要性を表します。하다の代わりに되다も使われます。

陽母音 + 아야 하다	닫다 (閉める)　→ 닫아야 하다 (閉めなければならない)
陰母音 + 어야 하다	열다 (開ける)　→ 열어야 하다 (開けなければならない)
하다 → 해야 하다	말하다 (話す)　→ 말해야 하다 (話さなければならない)

월요일이어서 학교에 가야 해요. (月曜日なので学校に行かなければなりません)

토요일까지 연락해야 해요. (土曜日までに連絡しなければなりません)

제 14 과

연습 4　助詞の使い分けに注意しながら会話を完成させましょう。

A: 언제까지 해야 돼요?　　B: 시험이 있어서 내일까지 해야 돼요.

(1) A: 왜／가다

B: 친구／약속하다／저녁／가다

(2) A: 어떻게／가다

B: 다음／역／내리다／택시／타다

(3) A: 언제／만들다

B: 다음 주／생일／일요일／만들다

(4) A: 어디／버리다

B: 음식／쓰레기／저쪽／버리다

번역　翻訳：日本語を韓国語に直してみましょう。

(1) 先輩にあげるおみやげを買わなければなりません。 ______________________

(2) 明日食べる料理を作らなければなりません。 ______________________

(3) 必ず会わなければならない人がいます。 ______________________

(4) 皆に話さなければならないことがあります。 ______________________

종합연습 総合練習

쓰기 質問に対する答えを書いてみましょう。

(1) 감기에 걸리면 어떻게 해야 돼요? ____________________

(2) 지금 사는 곳은 학교에서 얼마나 머세요? ____________________

(3) 한국어를 얼마나 할 수 있어요? ____________________

(4) 먹을 수 없는 음식이 있어요? ____________________

(5) 사고 싶은 게 비싸면 어떻게 해요? ____________________

말하기 隣の友達とロールプレイを完成させてみましょう。

A: __________에 가고 싶은데 운전할 수 있어요?

B: 운전할 수 있는데 ____________________.

A: 내일이 시험인데 책을 빌려 줄 수 있어요?

B: ________________아서/어서 빌려 줄 수 없어요.

A: 내일 ___________ㄹ/을 수 없을 것 같아요. 어떻게 하죠?

B: __________니까/으니까 __________아야/어야 해요.

A: 음… 알겠습니다.

듣기 1 質問に韓国語で答えてみましょう。

2-14

(1) ____________________

(2) ____________________

(3) ____________________

(4) ____________________

(5) ____________________

듣기 2 音声を聞いて質問に答えてみましょう。

2-15

(1) ____________________

(2) ____________________

(3) ____________________

(4) ____________________

읽기：한자 읽기 漢字の読み

유【有】	유무【有無】	유선【有線】	유능【有能】
명【名】	명곡【名曲】	명문【名門】	무명【無名】

【文法編】

제 15 과

学習目標 **許可を求める**

으変則用言, 아도／어도, 아도／어도 되다, 면／으면 되다／안 되다

혹시 저녁 늦게 외출해도 돼요?

※ ※本文会話文は、「ふつう→ゆっくり」スピードの音声が用意されています。

2-16

유타: 안녕하세요.
오늘부터 모레까지 방을 예약한 야마다 유타라고 합니다.

점원: 어서 오세요. 여기에 성함과 전화번호를 써 주세요.
[성암과] [저놔버노를]
방은 307호실입니다.

유타: 저~, 온천을 가고 싶은데, 혹시 저녁 늦게 외출해도 돼요?
[혹씨] [늗께]

점원: 네, 가능합니다. 하지만 외출하실 때 반드시 카운터에 말씀해 주시는 걸 잊으시면 안 됩니다.

유타: 알겠습니다. 감사합니다.

점원: 좋은 시간 보내세요.
[조은]

안녕하세요.
오늘부터 모레까지 방을 예약한 야마다 유타인데요.

어서 오세요. 여기에 성함과 연락처를 써 주세요. 방은 307호입니다.

저~, 온천을 가고 싶은데, 혹시 저녁 늦게 외출해도 될까요?

네, 가능합니다만, 외출하실 때 꼭 카운터에 말씀해 주시는 걸 잊으시면 안 됩니다.

알겠습니다. 감사합니다.

좋은 시간 되세요.

단어와 표현：単語と表現

모레	明後日	5級
예약	予約	準2級
성함	お名前	4級
쓰다	書く，使う	5級
호실	号室	3級
온천	温泉	準2級
외출하다	外出する	準2級
가능하다	可能だ	4級
반드시	必ず，絶対に	4級
카운터	カウンター	4級
말씀	お話	4級
잊다	忘れる	5級

● 꼭／반드시
どちらも「必ず」という意味ですが，꼭 반드시 오세요のように両方を用いて強調することもできます（順序の入替可能）。

● 알겠습니다／알았습니다
どちらも「了解しました」という意味を表します。本来ならすでに分かっていることに対しては，알았습니다を使い，認知していない未来のことに対しては，알겠습니다を使うべきですが，近年はあまり区別せず使われる傾向があります。

● 좋은 시간 보내세요.
보내다には，「モノを送る」という意味だけでなく，「時間や年月を送る（過ごす）」意味もあります。시간の代わりに하루（一日），주말（週末），휴가（休暇）などに置き換えられます。別れ際の挨拶としてぜひ使ってみましょう。また，보내다の代わりに되다を使い，좋은 시간 되세요とも言います。

単語：호텔 ホテル

● 바꾸다 替える 4級

● 맡기다 預ける 3級

● 사용하다 使用する 3級

● 체크아웃 チェックアウト 2級

● 지불하다 支払う 準2級

● 체크인 チェックイン 2級

● 숙박하다 宿泊する 準2級

● 예약하다 予約する 準2級

● 묵다 泊まる 3級

● 접수하다 受付する 準2級

문법 文法

문법 1　으変則用言

語幹末母音がㅡで終わる用言は，아／어型語尾が続くと活用が変わります。ㅡの前の母音が陽母音の場合は，ㅡをㅏに，陰母音の場合は，ㅡをㅓに置き換えます。

아프다（痛い）	아프【陽母音】＋ ㅏ요　→ 아파요（痛いです）
기쁘다（嬉しい）	기쁘【陽母音】＋ ㅓ요　→ 기뻐요（嬉しいです）
쓰다（書く／使う）	쓰　【陰母音】＋ ㅓ요　→ 써요（書きます／使います）

연습 1 **次の表を完成させてみましょう。**

原型	意味	해요体	過去形(해요体)
끄다			
크다			
고프다			
예쁘다			
모으다			
나쁘다			
슬프다			
바쁘다			
기쁘다			

번역　翻訳：日本語を韓国語に直してみましょう。

(1) 昨日までは痛かったけど，今日は大丈夫です。 ______________________

(2) 幼いときは，毎日日記を書きました。 ______________________

(3) すみませんが，名前を書いてください。 ______________________

(4) 今から人を集めてみてください。 ______________________

(5) 忙しくて食べられない日も多いです。 ______________________

 문법 2　動詞語幹 ＋ 아도／어도「～ても」

譲歩や仮定を表します。過去形は았어도／었어도となります。

陽母音 ＋ 아도	만나다(会う)　→ 만나　＋ 아도　→ 만나도
陰母音 ＋ 어도	기다리다(待つ)　→ 기다리 ＋ 어도　→ 기다려도
하다 → 해도	전화하다(電話する) → 전화　＋ 해도　→ 전화해도

친구를 만나도 전혀 재미있지 않아요.(友達に会っても全然面白くありません)

이유는 모르지만 기다려도 안 와요.(理由は分からないけど，待っても来ません)

연습 2　助詞の使い分けに注意しながら会話を完成させましょう。

A: 목은 어때요?　　　B: 아직 조금 아파도 괜찮아요.

(1) A: 오키나와／여행／어때요

B: 몇 번／가다／재미있다／좋다

(2) A: 결혼／생활／어때요

B: 가끔／싸우다／즐겁다／행복하다

(3) A: 감기／어때요

B: 매일／약／먹다／낫지 않다

(4) A: 다이어트／어때요

B: 매일／1시간／운동하다／살／안 빠지다

번역　翻訳：日本語を韓国語に直してみましょう。

(1) 手紙を送っても返事が来ません。 ＿＿＿＿＿＿＿＿

(2) どんなに忙しくても電話しなければなりません。 ＿＿＿＿＿＿＿＿

(3) 一所懸命に働いても高くて買えません。 ＿＿＿＿＿＿＿＿

(4) いくら見ても見たことがないと思います。 ＿＿＿＿＿＿＿＿

문법 文法

문법 3　動詞語幹 + 아도／어도 되다 「〜てもいい」

許可・許容を表します。**되다**の代わりに**좋다**（いい），**괜찮다**（大丈夫だ）も使われます。

陽母音 + 아도 되다	만나다（会う）	→ 만나도 돼요（会ってもいいです）
陰母音 + 어도 되다	기다리다（待つ）	→ 기다려도 돼요（待ってもいいです）
하다 → 해도 되다	전화하다（電話する）	→ 전화해도 돼요（電話してもいいです）

창문을 닫아도 돼요／좋아요／괜찮아요?（窓を閉めてもいいですか）

여기서 기다려도 돼요?（ここで待ってもいいですか）

수업이 끝나면 놀러 가도 돼요?（授業が終わったら遊びに行ってもいいですか）

연습 3　助詞の使い分けに注意しながら会話を完成させましょう。

A: 일이 끝나면 가도 돼요?　　B: 끝나면 가도 돼요.

(1) 배／고프다／먼저／먹다　　A: ＿＿＿＿＿＿　B: ＿＿＿＿＿＿

(2) 몸／아프다／집／돌아가다　　A: ＿＿＿＿＿＿　B: ＿＿＿＿＿＿

(3) 대학／졸업하다／유학／가다　　A: ＿＿＿＿＿＿　B: ＿＿＿＿＿＿

(4) 사랑하다／사람／언제라도／결혼하다　　A: ＿＿＿＿＿＿　B: ＿＿＿＿＿＿

번역　翻訳：日本語を韓国語に直してみましょう。

(1) 靴を履いて入ってもいいですか。＿＿＿＿＿＿

(2) 忙しくなければ，ゆっくり来てもいいです。＿＿＿＿＿＿

(3) もしよければ，食べてみてもいいです。＿＿＿＿＿＿

(4) すみませんが，電車に乗ってもいいですか。＿＿＿＿＿＿

문법 4　用言語幹 + 면／으면 되다「~ればいい」

適当な方法，すなわち相手に助言を尋ねたり答えたりするときに使います。一方，用言語幹+면／으면 **안 되다**（~てはいけない）は，禁止・制限を表します。**안 되다**は，「だめだ，いけない」という意味を表します。

母音／ㄹ語幹+ 면 되다	~ればいい	母音／ㄹ語幹+ 면 안 되다	~てはいけない
子音語幹 + 으면 되다		子音語幹 + 으면 안 되다	

시간이 없는데 어떻게 하면 돼요?（時間がないけど，どうすれば良いですか）

수업중이니까 들어가면 안 돼요.（授業中なので，入ってはいけないです）

연습 4　助詞の使い分けに注意しながら会話を完成させましょう。

A: 죄송한데, 먼저 출발해도 돼요?　　B: 아뇨, 먼저 출발하면 안 돼요.

(1) A: 죄송하다／여기／사진／찍다

B: 아뇨／여기／사진／찍다

(2) A: 미안하다／잠시／쉬다

B: 아뇨／손님／기다리다／쉬다

(3) A: 죄송하다／술／마시다

B: 약／먹다／때／술／마시다

(4) A: 미안하다／여기／앉다

B: 여기／예약／있다／앉다

번역　翻訳：日本語を韓国語に直してみましょう。

(1) 明日，どこに何時まで行けばいいですか。 ______________________

(2) 忙しくないから，ゆっくり食べればいいです。 ______________________

(3) 名前はどこに書けばいいですか。 ______________________

(4) 遅くても12時までに送ればいいと思います。 ______________________

제 15 과

종합연습 総合練習

쓰기 質問に対する答えを書いてみましょう。

(1) 친구와 싸우면 기분이 어때요? ______________________

(2) 수업중에 떠들어도 돼요? ______________________

(3) 친구가 기다려도 안 오면 어떻게 해요? ______________________

(4) 먹어도 먹어도 질리지 않는 요리가 있어요? ______________________

(5) 역은 어느 쪽으로 가면 돼요? ______________________

(6) 돈을 모아서 무엇을 하고 싶어요? ______________________

말하기 隣の友達とロールプレイを完成してみましょう。

A: 죄송한데, 길 좀 알려주세요.

여기서 __________까지 가고 싶은데

______________________________________?

B: ______________________________________

A: 감사합니다.

A: 죄송한데, 어디서 ______________________?

B: 올해부터 건물 안에선 담배를 피우면 안 돼요.

______________________________________.

A: 아, 그래요. 알겠습니다.

듣기 1 質問に韓国語で答えてみましょう。

2-17

(1)

(2)

(3)

(4)

(5)

듣기 2 音声を聞いて質問に答えてみましょう。

2-18

(1)

(2)

(3)

(4)

읽기 : 한자 읽기 漢字の読み

외【外】	외식【外食】	외국【外国】	외교【外交】
출【出】	출장【出張】	출근【出勤】	가출【家出】

꿀팁　漢字語の読み方

日本語と韓国語は，漢字文化圏のため，漢字語の読み方が類似し，一定に音の対応の傾向が見られます。そこで，韓国語の漢字語の読み方について，ご紹介します。

1. 母音の読み方

日本語（音読み）	韓国語	例
音読みの母音が「a」	ㅏ	歌【ka】가，　山【san】산
音読みの母音が「i」	ㅣ, ㅢ	理【ri】리，　意【i】의
音読みの母音が「u」	ㅜ	無【mu】무，　父【hu】부
音読みの母音が「e」	ㅓ	件【ken】건，先【sen】선
音読みの母音が「o」	ㅗ	五【go】오，　本【hon】본

2. 終声の読み方

日本語（音読み）	韓国語	例
「ン」で終わる漢字	ㄴ, ㅁ	案【アン】안，　金【キン】김
「ツ」「チ」で終わる漢字	ㄹ	物【ブツ】물，　日【ニチ】일
「ク」「キ」で終わる漢字	ㄱ	約【ヤク】약，　駅【エキ】역
「ウ」「イ」で終わる漢字	ㅇ	動【ドウ】동，　生【セイ】생

勿論，上記に紹介した漢字語の読み方が，必ずしも対応するわけではありませんが，音の対応を意識しながら学んでいくと，語彙力がさらにアップするに違いはありません。

コラム 》 4

軍隊

国防の義務は韓国国民の 4 大義務（勤労, 納税, 教育, 国防）の一つです。韓国の男性は，誰しも満 18 歳で徴兵検査対象者となり，19 歳になると身体検査を受けなければなりません。検査は，【心理検査】【身体検査】【適性分類】【兵役処分判定】に分けて行なわれます。結果は，7 級に分類され，【1 ～ 3 級：現役】【4 級：補充役】【5 級：戦時勤労役】【6 級：免除】【7 級：再検査】となります。

2020 年度から服務期間が短縮され，陸軍 18 カ月，海軍 20 カ月，空軍 22 カ月，補充役（社会服務要員）21 カ月となります。入隊するとすぐに新兵教育隊に配属され，4 週間～ 7 週間基礎軍事訓練を受け，その後，各自配属先で服務に従事します。そして，除隊後は，「予備役（8 年間）」と「民防衛（40 歳まで）」の義務を全うする必要があります。服務中の給料は，階級によって，月 408,000 ウォン～ 548,000 ウォンをもらいます。

大学生は，卒業後に入隊すると，就職に不利なため，一般的に在学中に入隊する人が多いです。以前は，入隊すると限られた時間にしか家族や恋人に連絡することが許されませんでした。古くから服務期間中に恋人から捨てられるということを애인이 고무신을 거꾸로 신다（恋人がゴム靴を逆向きに履く）と言います。勿論，今も彼氏を待ちきれず，他の人と付き合ってしまうことも多いですが，2019 年 4 月から全ての兵士に日課後の携帯電話使用が許可され，以前より自由に連絡できるようになっています。

軍隊は，当然，階級社会であるため，厳しい上下関係や訓練に耐えなければなりません。ゆえに，「体重過多」「脱臼」「精神分裂症」「高血圧」「ヘルニア」などを言い訳に兵役を回避する人々が現れ，しばしば社会問題になる場合も多々あります。しかし，韓国社会では，「男は軍隊に行ってこそ一人前」「国防の義務を果たしてこそ真の男」という意識が強いため，やはり兵役を全うすることが当然視されています。

皆さん，日本でも韓国軍隊体験ツアーがあるということを知っていますか。奮って韓国の軍隊を体験してみるのは，いかがでしょうか。

【文法編】
제16과

学習目標 時間の経過を説明する

ㅂ変則用言, ㄴ／은 지, ㄴ／은／는 편이다, 네요

한국에 온 지 얼마나 됐어요?

2-19 ※本文会話文は、「ふつう→ゆっくり」スピードの音声が用意されています。

고은: 유타 씨, 한국에 온 지 얼마나 됐어요?

유타: 음, 벌써 8개월이 됐어요. 시간이 참 빠르네요.
처음 왔을 때는 한국말을 못해서 무서웠어요.
[한궁마를] [모태서]
물론 지금도 잘하는 편이 아니지만요.

고은: 아니에요. 지금은 완전히 한국인이에요.
[완저니]

유타: 정말요?

고은: 그럼요, 제가 잘 알아요.
[그럼뇨]
유타 씨는 머리도 좋고 진짜 열심히 공부했어요.
[조코] [열씨미]

유타: 고마워요.
앞으로도 많이 도와주세요.
[마니]

유타, 한국에 온 지 얼마나 됐어?

음, 벌써 8개월이 됐지. 시간이 참 빠르네.
처음 왔을 땐 한국어을 못해서 무서웠어.
물론 지금도 잘하는 편이 아니지만.

아냐, 지금은 완전 한국인이야.

진짜?

그럼, 내가 잘 알지.
유타는 머리도 좋고 진짜 열심히 공부했어.

고마워, 앞으로도 많이 도와줘.

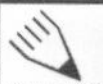

단어와 표현：単語と表現

개월	～カ月	4級
참	本当に，非常に	4級
말	言葉，話	5級
무섭다	怖い，恐ろしい	3級
물론	勿論	3級
편	～ほう	4級
완전히	完全に	3級
그럼요	そうですよ	4級
돕다	手伝う，助ける	3級

● 벌써／이미
どちらも「もう＝すでに終わった，過ぎた，済んだ事」を意味しますが，벌써には，本文のように「予想より早い（強調）」という意味もあります。

- 벌써/이미 편지를 보냈어요.
  （すでに手紙を送りました）
- 벌써（○）／이미（×）집에 가요?
  （もう家に帰りますか）

● 한국어／한국말
한국어の어（語）は，漢字語ですが，말は，韓国の固有の言葉です。意味の違いはありません。

● 그럼요
「そうですよ」「もちろんです」という意味を表しますが，相槌を打つときによく使われます。友達同士では，그럼または응と言います。

単語：몸 体，신체 身体

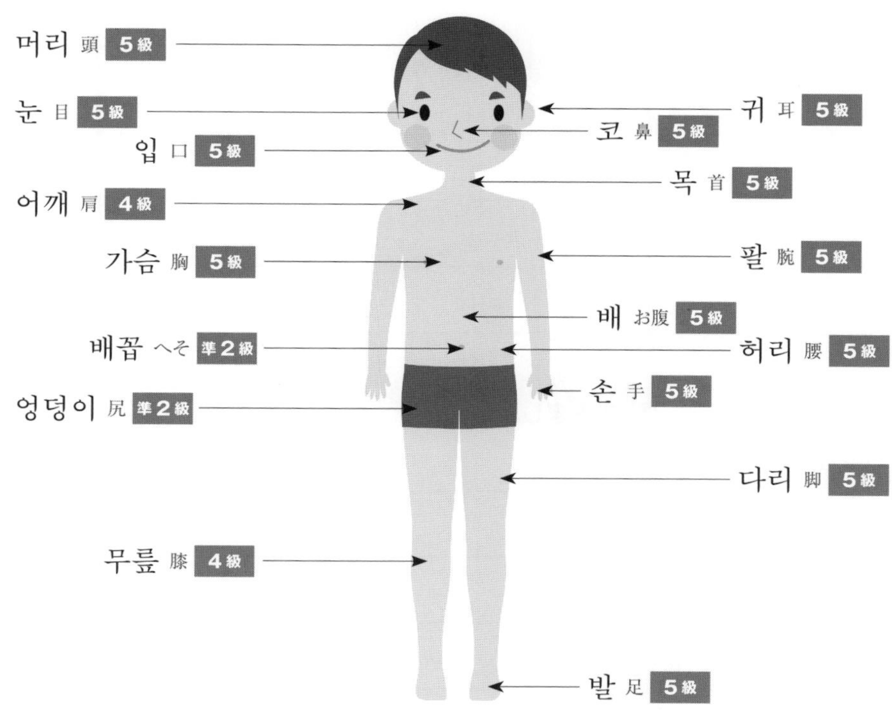

문법 文法

문법 1　ㅂ変則用言

1. 으型語尾が続くと，ㅂ+으が우に変わります。
- 仮定・条件　：어렵다 (難しい) → 어렵+ 으면 → 어려우면
- 連体形ㄴ／은：맵다 (辛い) → 맵 + 은 음식 → 매운 음식

2. 아／어型語尾が続くと，ㅂ+아／어が워に変わります。
- 理由・原因　：어렵다 (難しい) → 어렵+ 어서 → 어려워서
- 해요体　：맵다 (辛い) → 맵 + 어요 → 매워서

ただし，돕다 (手伝う) と곱다 (きれいだ) は，도와서／고와서，도와요／고와요となります。

※ 多くの形容詞がㅂ変則用言に従うのに対し，動詞は正則活用に従います。

연습 1 次の表を完成させてみましょう。

	意味	지만 (逆接)	면／으면 (仮定)	해요体
쉽다				
춥다				
덥다				
고맙다				
가볍다				
가깝다				
돕다				

번역 翻訳：日本語を韓国語に直してみましょう。

(1) 寒い冬より暑い夏が好きです。 ____________________

(2) 手伝ってくれてありがとうございます。 ____________________

(3) とても辛くて食べられません。 ____________________

(4) 暑ければ，窓を開けてもいいです。 ____________________

문법 2　動詞語幹 + ㄴ/은 지「~てから」

時間の経過を表します。ㄴ/은 지の後ろには，**되다**（なる），**지나다**（過ぎる），**넘다**（越える）などの動詞がよく来ます。

母音語幹 + ㄴ 지	배우다（習う）→ **배운 지**（習ってから）
子音語幹 + 은 지	먹다（食べる）→ **먹은 지**（食べてから）
ㄹ語幹【ㄹ脱落】+ ㄴ 지	만들다（作る）→ **만든 지**（作ってから）

한국어를 배운 지 3년이 됐어요.（韓国語を習ってから3年になりました）

만든 지 하루가 지나서 맛없어.（作ってから一日が過ぎたから，美味しくない）

연습 2 助詞の使い分けに注意しながら会話を完成させましょう。

A: 언제 저녁을 먹었어요?　　B: 저녁을 먹은 지 4시간이 지났어요.

(1) A: 언제/담배/끊다

B: 담배/끊다/약/4년/되다

(2) A: 언제/한국어/공부하다

B: 한국어/공부하다/벌써/7년/지나다

(3) A: 언제/꽃/피다

B: 꽃/피다/1달/넘다

(4) A: 그/사람/언제/헤어지다

B: 그/사람/헤어지다/3개월/되다

번역　翻訳：日本語を韓国語に直してみましょう。

(1) 会ってから2年くらい経ったみたいです。　＿＿＿＿＿＿＿＿

(2) 離婚してから5年ですけど，今も会いたいです。　＿＿＿＿＿＿＿＿

(3) その友達を知ってから4年くらいになりました。　＿＿＿＿＿＿＿＿

(4) 作ってから3時間しか経ってないので，食べられます。　＿＿＿＿＿＿＿＿

문법 文法

문법 3　連体形 ＋ 편이다「～ほうだ」

傾向や頻度に対する話し手の大まかな判断を表します。

	過去	現在	
動　詞	았던／었던, 던, ㄴ／은	는	편이다
形容詞	았던／었던, 던	ㄴ／은	

주말은 가족과 가끔 외출하는 편이에요.（週末は家族と時々外出するほうです）

평소보다 많이 먹은 편이에요.（普段よりたくさん食べたほうです）

7천 원이면 비싼 편이에요.（7千ウォンなら高いほうです）

연습 3 助詞の使い分けに注意しながら会話を完成させましょう。

A: 한국 음식은 어때요?　　B: 맛있지만 대체로 매운 편이에요.

(1) A: 한국어／공부／어렵다
　B: 문법／쉽다／발음／어렵다

(2) A: 남자 친구／어떤／사람
　B: 성격／좋다／키／작다

(3) A: 새롭다／일／재미있다
　B: 일／재미있다／좀／힘들다

(4) A: 해외 여행／자주／가다
　B: 평소／바쁘다／안 가다／여름방학／자주／가다

버역ㄱ 翻訳：日本語を韓国語に直してみましょう。

(1) 韓国の冬は日本より寒いほうです。　＿＿＿＿＿＿＿＿＿＿

(2) 料理が好きなので，よく作るほうです。　＿＿＿＿＿＿＿＿＿＿

(3) 1個で千円なら安いほうです。　＿＿＿＿＿＿＿＿＿＿

(4) 今は飲まないけれど，昔はよく飲んだほうです。　＿＿＿＿＿＿＿＿＿＿

문법 4　用言語幹 + 네요「~ですね, ~ますね」

話し手の感嘆（気づきや発見など）を表します。尊敬形（시／으시），過去形（았／었），未来意志形（겠）の後ろにもつきます。

動詞・存在詞・形容詞	語幹 + 네요	오다（来る）→ 오네요
	ㄹ語幹【ㄹ脱落】+ 네요	멀다（遠い）→ 머네요
名詞	母音終わり名詞 + 네요	날씨（天気）→ 날씨네요
	子音終わり名詞 + 이네요	학생（学生）→ 학생이네요

역에서 집까지 생각보다 머네요.（駅から家まで思ったより遠いですね）

오늘은 너무 좋은 날씨네요.（今日はとてもいい天気ですね）

연습 4 助詞の使い分けに注意しながら会話を完成させましょう。

A: 이거 신제품인데 한번 먹어 봐요.　B: 굉장히 달고 맛있네요.

(1) A: 이거／제／만들다／가방／어때요

B: 진짜／멋있다／가볍다／가방

(2) A: 여기／우리 가족／살다／집／어때요

B: 매우／깨끗하다／넓다

(3) A: 지난주／한국／갔다 오다／이거／선물

B: 너무／귀엽다／예쁘다

번역 翻訳：日本語を韓国語に直してみましょう。

(1) まだ2月なのに，今日はとても暖かいですね。 ______

(2) 行ってもいいのに，行かないですね。 ______

(3) 昨日会ったけど，本当にいい人でしたね。 ______

(4) とても楽しくてうれしい一日でしたね。 ______

종합연습 総合練習

쓰기 質問に対する答えを書いてみましょう。

(1) 매운 음식을 먹을 수 있어요? ______________________

(2) 아르바이트를 시작한 지 얼마나 됐어요? ______________________

(3) 시간이 있으면 요리를 만드는 편이에요? ______________________

(4) 오늘 날씨는 어때요?(네요) ______________________

(5) 집에서 역까지 가까운 편이에요? ______________________

말하기 隣の友達とロールプレイを完成してみましょう。

A: ______를/을 ______ㄴ/은 지 얼마나 됐어요?

B: ______________________

A: ______는/은 자주 ______편이에요?

B: 일주일에 ______번 ______편이에요.

A: ______ㄹ/을 때 뭐가 어려워요?

B: ______________________

A: 아, 그래요.

듣기 1 質問に韓国語で答えてみましょう。

2-20

(1) ________________

(2) ________________

(3) ________________

(4) ________________

(5) ________________

듣기 2 音声を聞いて質問に答えてみましょう。

2-21

(1) ________________

(2) ________________

(3) ________________

(4) ________________

제 16 과

읽기：한자 읽기 漢字の読み

완【完】	완성【完成】	완주【完走】	완치【完治】
전【全】	전국【全国】	전원【全員】	안전【安全】

【文法編】

제17과

学習目標 **自分の希望を伝える**

르変則用言, 게 (되다), 지 말다／마세요, ㄹ까／을까 하다

좀 짧게 자를까 해요.

2-22 ※ ※本文会話文は、「ふつう→ゆっくり」スピードの音声が用意されています。

점원: 어떻게 자르시겠어요?
[어떠케]

유타: 이 사진처럼 자르고 싶은데요.
내일 친구 결혼식에 참가하게 돼서, 좀 짧게 자를까 해요.
[겨론시게] [짤께]

점원: 그럼, 앞머리는 어떻게 하시겠어요?

유타: 앞머리는 짧게 자르지 말고 1센티 정도만 부탁드릴게요.
[부탁드릴께요]

점원: 네, 샴푸는 어떻게 하시겠어요?

유타: 샴푸도 해 주세요.

어떻게 잘라 드릴까요?

이 사진처럼 자르고 싶은데요.
내일 친구 결혼식에 참가하게 돼서 좀 짧게 자를까 해서요.

그럼, 앞머리는요?

앞머리는 짧게 자르지 말고 1센티 정도만 해 주세요.

알겠습니다. 머리는 감으시겠어요?

네, 부탁드려요.

 단어와 표현：単語と表現

점원	店員	準2級
자르다	切る	3級
결혼식	結婚式	3級
참가하다	参加する	3級
짧다	短い	5級
앞머리	前髪	5級
센티	センチ	3級
샴푸	シャンプー	準2級
감다	洗う（髪）	4級

● 어떻게 하시겠어요?
相手の意向を尋ねる表現として，非常に丁寧な表現です。友達同士なら，하시겠어요の代わりに하겠어／할래／할거야などが用いられます。

● 앞머리
「横の髪」は，옆머리と言い，「後ろの髪」は，뒷머리と言います。

● 머리를 감다／샴푸를 하다
手や足などの体を洗う場合は，씻다を使いますが，髪だけは，감다もしくは샴푸를 하다と言います。

単語：몸을 씻다 体を洗う

● 머리를 감다 4級

● 얼굴을 씻다 4級

● 이를 닦다 4級

제 17 과

単語：옷을 입다 服を着る

● 입다 着る／履く 5級
● 바지 ズボン 5級
● 치마 スカート 5級

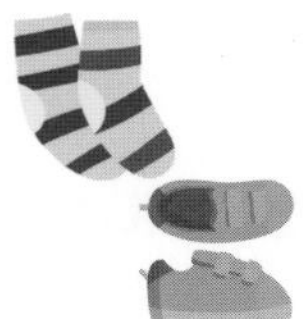

● 신다 履く 5級
● 양말 靴下 5級
● 신발 靴 5級

● 쓰다 かける／かぶる 5級
● 모자 帽子 4級
● 안경 眼鏡 5級

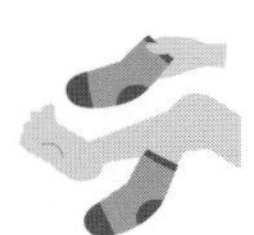

● 벗다 脱ぐ 5級

문법 文法

문법 1　르変則用言

르変則用言は，아／어型語尾が続くと，르の前の母音が陽母音（ㅏ・ㅗ）の場合では，르が ㄹ라となり，陰母音（ㅏ・ㅗ以外）の場合では，르がㄹ러となります。ただし，**따르다**（従う），**치르다**（支払う），**들르다**（立ち寄る）は，例外として，으変則用言に従います。

빠르다 (早い)	**빠르 【陽母音】** 빠 + ㄹ라 → **빨라요** (早いです)
부르다 (呼ぶ)	**부르 【陰母音】** 부 + ㄹ러 → **불러요** (呼びます)

연습 1　次の表を完成させてみましょう。　　(※으変則)

	意味	지만(逆接)	면／으면(仮定)	해요体
모르다				
흐르다				
오르다				
다르다				
기르다				
고르다				
게으르다				
누르다				
따르다※				

번역　翻訳：日本語を韓国語に直してみましょう。

(1) すみませんが，あの人を呼んでください。 ＿＿＿＿＿＿＿＿

(2) 成績が上がったから，気分がいいです。 ＿＿＿＿＿＿＿＿

(3) 仕事が終わったら，これを押してください。 ＿＿＿＿＿＿＿＿

(4) 面接なので，髪を切らなければなりません。 ＿＿＿＿＿＿＿＿

문법 2　用言語幹 ＋ 게 (되다)「〜するように, 〜く, 〜に」

用言語幹+게は，副詞化となり，動詞は，「〜するように／することに」，形容詞は，「〜く，〜に」の意味となります。さらに，用言語幹+게 되다という形で，状態または属性の変化を表します。

動詞語幹 ＋ 게	먹다 (食べる)　→　먹게 됐어요 (食べるようになりました)
形容詞語幹 ＋ 게	짧다 (短い)　→　짧게 해 주세요 (短くしてください)

어른이 돼서 파를 먹게 됐어. (大人になってからねぎを食べるようになった)

이 부분을 예쁘게 만들어 주세요. (この部分をきれいに作ってください)

연습 2 助詞の使い分けに注意しながら会話を完成させましょう。

A: 남편하고는 어떻게 결혼하게 됐어요? B: 친구 소개로 결혼하게 됐어요.

(1) A: 그／사실／어떻게／알다

B: 우연히／알다／친구／듣다

(2) A: 남자 친구／왜／헤어지다

B: 남자 친구／바람／피우다／헤어지다

(3) A: 여기／언제／일하다

B: 갑자기／직원／그만두다／지난주／일하다

(4) A: 왜／옷／젖다

B: 갑자기／비／내리다／비／맞다

비인기 翻訳：日本語を韓国語に直してみましょう。

(1) 急に用事ができて会えなくなりました。 ＿＿＿＿＿＿＿＿＿＿

(2) その人に会うと必ず喧嘩するようになります。 ＿＿＿＿＿＿＿＿＿＿

(3) 倒れないようにしっかり掴まってください。 ＿＿＿＿＿＿＿＿＿＿

(4) 皆が集まる場所なので，きれいにしてください。 ＿＿＿＿＿＿＿＿＿＿

문법 文法

문법 3　動詞語幹 ＋ 지 말다「禁止」

動詞語幹+지 마요／말아요／마세요 (〜ないでください) という形で，禁止を意味します。さらに，지 말고という形で，「〜ないで／せずに」という意味を表しますが，この場合は，後文に命令や勧誘などの表現と共に用いられます。

動詞語幹 ＋ 지 말다	가다 (行く) → 가지 마요／말아요／마세요
動詞語幹 ＋ 지 말고	앉다 (座る) → 앉지 말고

늦었으니까 오늘은 가지 마세요. (遅くなったので，今日は行かないでください)

내일부터는 지각하지 말고 빨리 와요. (明日からは遅刻せずに早く来てください)

연습 3　助詞の使い分けに注意しながら会話を完成させましょう。

A: 먼저 먹어도 돼요?　　B: 아직 시간이 있으니까 먹지 말고 나중에 드세요.

(1) A: 여기／기다리다

B: 사람／많다／여기／기다리다／저기／기다리다

(2) A: 앞／앉다

B: 키／크다／앞／앉다／뒤／앉다

(3) A: 여기／담배／피우다

B: 여기／금연／담배／피우다／밖／피우다

(4) A: 교실／들어가다

B: 수업중／교실／들어가다／여기／잠시／기다리다

번역　翻訳：日本語を韓国語に直してみましょう。

(1) 危ないので，触らないでください。　＿＿＿＿＿＿＿＿＿＿

(2) 大丈夫だから，そんなに心配しないでください。　＿＿＿＿＿＿＿＿＿＿

(3) 近いから，急がないでください。　＿＿＿＿＿＿＿＿＿＿

(4) 寒いから，窓を開けないでください。　＿＿＿＿＿＿＿＿＿＿

문법 4　動詞語幹 ＋ ㄹ까／을까 하다「～ようと思う, ～かと思う」

話し手の漠然とした意向や不確かな計画を表します。

母音語幹 ＋ ㄹ까 하다	만나다(会う)　→　만날까 해요
子音語幹 ＋ 을까 하다	읽다(読む)　→　읽을까 해요
ㄹ語幹【ㄹ脱落】＋ ㄹ까 하다	만들다(作る)　→　만들까 해요

주말엔 책이라도 읽을까 해요.(週末には本でも読もうと思います)

저녁으로 비빔밥을 만들까 해요.(晩御飯としてビビンパを作ろうと思います)

연습 4 助詞の使い分けに注意しながら会話を完成させましょう。

A: 여름방학이 되면 뭘 할 거예요?

B: 친구하고 운전면허라도 따러 다닐까 해요.

(1) A: 주말／약속／없다／뭐／하다

B: 난바／쇼핑／하다／가다

(2) A: 다음 주／한가하다／어디／가다

B: 선배／만나다／술／마시다／가다

(3) A: 친구／만나다／뭐／하다

B: 좋아하다／요리／만들다／먹다

(4) A: 봄／되다／뭐／하다

B: 가족／꽃 구경／하다／가다

번역 翻訳：日本語を韓国語に直してみましょう。

(1) 約束がないので, 家で休もうと思います。 ________________

(2) 忙しいから, 次回行こうと思います。 ________________

(3) その人が来る(時)まで待とうと思います。 ________________

(4) 他の人と少し話してみようかと思います。 ________________

종합연습 総合練習

쓰기 質問に対する答えを書いてみましょう。

(1) 몇 달에 한 번 머리를 잘라요? ______________________

(2) 언제부터 아르바이트를 하게 됐어요? ______________________

(3) 먼저 집에 돌아가도 돼요? (理由＋禁止) ______________________

(4) 겨울방학이 되면 뭘 할거예요?(ㄹ까／을까 하다) ______________________

(5) 모르는 사람과 편하게 이야기 할 수 있어요? ______________________

말하기 隣の友達とロールプレイを完成してみましょう。

A: 여기에 ______________________.

어떻게 ______________________?

B: 앞머리는 ______________________.

그리고, 뒷머리는 ______________________.

A: 알겠습니다.

B: 다 끝났습니다.

머리를 ______________________.

A: 네, ______________________.

듣기 1 質問に韓国語で答えてみましょう。

2-23

(1)

(2)

(3)

(4)

(5)

듣기 2 音声を聞いて質問に答えてみましょう。

2-24

(1)

(2)

(3)

(4)

읽기 : 한자 읽기 漢字の読み

결【結】	결과【結果】	결말【結末】	결성【結成】
혼【婚】	혼인【婚姻】	미혼【未婚】	이혼【離婚】

【文法編】

제 18 과

学習目標 **病気の症状を説明する**

ㅅ変則用言, 아지다／어지다, 기 때문에, 거나

갑자기 목이 아파지고 기침도 많이 나네요.

2-25 ※ ※本文会話文は、「ふつう→ゆっくり」スピードの音声が用意されています。

의사: 어디가 안 좋으세요?

유타: 어제 점심부터 갑자기[갑짜기] 목이 아파지고 기침도 많이[마니] 나네요.

그리고, 열도 많아요.

의사: 자, 입을 벌려 보세요.

음, 목이 많이 부었네요[부언네요].

요즘은 아침 저녁으로 춥기[춥끼] 때문에 건강관리에 조심해야[조시매야] 해요.

유타: 알겠습니다. 주의하겠습니다[주이하겐씀니다].

의사: 감기가 나을 때까지 술을 먹거나 담배를 피우거나 하지 마세요.

어디가 안 좋으세요?

어제 점심부터 갑자기 목이 아프고 기침도 많아졌어요. 그리고, 열도 많아요.

자, 입을 벌려 주세요.
음, 목이 많이 부었네요.

최근은 아침 저녁으로 추우니까 건강관리에 조심해야 해요.

알겠습니다. 조심하겠습니다.

감기가 나을 때까지 술을 마시거나 담배를 피우거나 하지 마세요.

단어와 표현：単語と表現

기침	せき	準2級
나다	出る	5級
벌리다	開ける，広げる	3級
붓다	腫れる，注ぐ	準2級
건강	健康	3級
관리	管理	3級
조심하다	気を付ける	準2級
주의하다	注意する	4級

● 어디가 안 좋으세요?
診察を受けるときに，医者からよく聞かれる表現です。증상이 어떻게 되세요?（症状がどのようになりますか）という表現もよく使われます。

● 열이 많다
症状として「熱が高い（열이 높다）」という表現を，열이 많다とも言います。

● 술을 먹다／마시다
술（酒）及び약（薬）は、먹다とも言います。

● 조심／주의하다
注意・警告などを行うときに使う表現です。

単語：병원 病院

- 내과 内科 準2級
- 외과 外科 準2級
- 소아과 小児科 2級
- 산부인과 産婦人科 2級
- 치과 歯科 準2級
- 안과 眼科 2級
- 피부과 皮膚科 2級
- 비뇨기과 泌尿器科 2級

単語：진찰을 받다 診察を受ける

- 증상을 말하다 症状を話す 準2級
- 머리가 아프다 頭が痛い 4級
- 손을 다치다 手を怪我する 4級
- 피가 나다 血が出る 4級
- 다리를 삐다 足を捻挫する 準2級
- 얼굴이 붓다 顔が腫れる 準2級
- 열이 나다 熱が出る 5級
- 콧물이 나다 鼻水が出る 4級
- 설사하다 下痢する 準2級
- 몸살이 나다 体調を崩す，寒気がする 準2級

문법 文法

문법 1　ㅅ変則用言

ㅅ変則用言は，으型及び아／어型語尾が続くと，ㅅが脱落します。

1. 으型語尾が続く場合　→　ㅅ脱落
   - 仮定・条件　：낫다（治る）　→　낫 ＋ 으면　→　나으면
   - 連体形ㄴ／은：낫다（治る）　→　낫 ＋ 은 병　→　나은 병

2. 아／어型語尾が続く場合　→　ㅅ脱落
   - 理由・原因　：짓다（作る／炊く）　→　짓 ＋ 어서　→　지어서
   - 해요体　：짓다（作る／炊く）　→　짓 ＋ 어요　→　지어요

연습 1　次の表を完成させてみましょう。

（※正則）

	意味	지만（逆接）	면／으면（仮定）	해요体
잇다				
젓다				
긋다				
붓다				
짓다				
웃다※				
씻다※				
벗다※				

번역　翻訳：日本語を韓国語に直してみましょう。

(1) 一日3回この薬を飲むと，すぐ治ります。　＿＿＿＿＿＿＿＿

(2) ご飯を炊いてから5時間ぐらい経ちました。　＿＿＿＿＿＿＿＿

(3) 線をつなぐときは，これを使ってください。　＿＿＿＿＿＿＿＿

(4) 脱いだ靴はここに入れないでください。　＿＿＿＿＿＿＿＿

문법 2　形容詞語幹 ＋ 아지다／어지다「〜くなる, 〜になる」

次第にある状態に変化するという意味を表します。

陽母音 ＋ 아지다	좋다 (いい)	→	좋아지다 (よくなる)
陰母音 ＋ 어지다	싫다 (嫌だ)	→	싫어지다 (嫌になる)
하다 → 해지다	따뜻하다 (暖かい)	→	따뜻해지다 (暖かくなる)

매일 운동해서 건강이 좋아졌어요. (毎日, 運動して体調がよくなりました)

추울 때는 가는 게 싫어져요. (寒いときは, 行くことが嫌になります)

봄이 되면 날씨가 따뜻해져요. (春になると, 天気が暖かくなります)

연습 2　助詞の使い分けに注意しながら会話を完成させましょう。

A: 요즘 기분이 어때요?　　B: 날씨가 따뜻해서 기분이 좋아졌어요.

(1) A: 요즘／가게／어때요

B: 손님／많이／오다／바쁘다

(2) A: 학교／분위기／어때요

B: 새롭다／학생／들어오다／분위기／밝다

(3) A: 청소하다／방／어때요

B: 쓰레기／전부／버리다／깨끗하다

(4) A: 최근／물가／어때요

B: 경기／나쁘다／물가／비싸다

번역　翻訳：日本語を韓国語に直してみましょう。

(1) 先週から5時になると暗くなります。　＿＿＿＿＿＿＿＿

(2) 最近, 段々寒くなってきたみたいです。　＿＿＿＿＿＿＿＿

(3) 忙しくなっても頼める人がいません。　＿＿＿＿＿＿＿＿

(4) 悲しい映画を見ると, 悲しくなります。　＿＿＿＿＿＿＿＿

문법 文法

문법 3　用言語幹 ＋ 기 때문에「～ので, ～から」

用言語幹+기 때문에は, 理由・原因を表す아서／어서及び니까／으니까に比べ, 強い理由・原因として, 新聞, 論文などでよく使われます。ただし, 名詞+때문에は, 「～ために, ～せいで」という意味を表します。

用言語幹 ＋ 기 때문에	중학생이다 (中学生だ) → 중학생이기 때문에
用言語幹 ＋ 았기／었기 때문에	춥다 (寒い) → 추웠기 때문에

중학생이기 때문에 들어갈 수 없어요. (中学生なので, 入ることができません)

추웠기 때문에 손님이 없었어요. (寒かったので, お客さんがいませんでした)

교통사고 때문에 늦었어요. (交通事故のため, 遅くなりました)

연습 3 助詞の使い分けに注意しながら会話を完成させましょう。

A: 왜 오후에 갈 수 없어요?　　B: 시간이 없기 때문에 갈 수 없어요.

(1) A: 그／학교／왜／입학하다

B: 부모님／반대하다／입학하다

(2) A: 왜／음식／먹다

B: 내일／수술하다／음식／먹다

(3) A: 왜／버스／타다

B: 예약／안 하다／버스／타다

(4) A: 왜／싸다／사다

B: 우리／학생이 아니다／싸다／사다

번역 翻訳：日本語を韓国語に直してみましょう。

(1) 酒をたくさん飲んだので, 頭が痛いです。 ______

(2) 雨が降っているので, 行かないかと思います。 ______

(3) 疲れているので, 家で休みたいです。 ______

(4) 友達なので, 許さなければなりません。 ______

문법 4　用言語幹 ＋ 거나「～たり, ～か」

二つ以上を羅列したり（～たり），その中で一つを選んだり（～か）するときに使います。過去形は**았거나／었거나**となります。

単独：用言語幹 ＋ 거나	자다（寝る）→ 자거나 놀아요.
反復：用言語幹 ＋ 거나	읽다（読む）＋보다（見る）→ 읽거나 보거나 해요.

한가할 땐 자거나 놀아요.（暇なときは，寝るか遊びます）

주말엔 책을 읽거나 TV를 보거나 해요.（週末は本を読んだりTVを見たりします）

연습 4　助詞の使い分けに注意しながら会話を完成させましょう。

A: 보통 한가할 땐 뭘 해요?

B: 친구를 만나거나 게임을 하거나 해요.

(1) A: 혼자／있다／때／뭐／하다

B: 음악／듣다／요리／만들다

(2) A: 집／있다／때／뭐／하다

B: 방／청소하다／빨래하다

(3) A: 시간／남다／때／뭐／하다

B: 영화／보다／가다／춤／배우다／가다

(4) A: 모르다／문제／있다／때／어떻게／하다

B: 친구／묻다／인터넷／찾다

제 18 과

번역　翻訳：日本語を韓国語に直してみましょう。

(1) 多分，外に出かけたか，寝ているようです。 ______________________

(2) 医者になったか，先生になったみたいです。 ______________________

(3) 明日は曇るか，雨が降る予定です。 ______________________

(4) その方に早く電話するか，連絡してください。 ______________________

종합연습 総合練習

쓰기 質問に対する答えを書いてみましょう。

(1) 감기를 걸렸을 때, 어떻게 하면 나아요? ______________________

(2) 슬퍼지면 어떻게 해요? ______________________

(3) 왜 한국어를 배우고 있어요?(기 때문에) ______________________

(4) 모르는 단어가 있을 땐 어떻게 해요?(거나) ______________________

(5) 어제보다 날씨가 좋아졌어요? ______________________

말하기 隣の友達とロールプレイを完成させてみましょう。

벚꽃 구경

A: 지난주부터 날씨가 ______________________?

그래서 주말에 다 같이 벚꽃 ______________.

B: 그래요. 그런데, 제가 감기를 ________기 때문에

____________ 것 같아요.

A: 아, 그래요. 아쉽네요.

______ 때까지 ______거나 ______거나 하지

마세요.

B: 네, 알겠습니다. 죄송해요.

듣기 1 質問に韓国語で答えてみましょう。

2-26

(1)

(2)

(3)

(4)

(5)

듣기 2 音声を聞いて質問に答えてみましょう。

2-27

(1)

(2)

(3)

(4)

읽기 : 한자 읽기 漢字の読み

주【注】	주문【注文】	주목【注目】	주사【注射】
의【意】	의견【意見】	의도【意図】	악의【悪意】

【文法編】

제19과

学習目標 空港の手続きを行う

ㄷ変則用言, 못／語幹+지 못하다, 기 전에, ㄴ/은 후에, 기로 하다

세관신고서를 작성한 후에 제출해 주세요.

2-28 ※本文会話文は、「ふつう→ゆっくり」スピードの音声が用意されています。

직원: 한국은 무슨 일로 오셨어요?
[무슨 닐로]
그리고 며칠간 어디서 묵을 예정입니까?

유타: 여행입니다. 4박 5일간 전주에 있는 친구집에서 묵기로 했어요.
[인는] [묵끼로]

직원: 그렇습니까? 한국어를 굉장히 잘하시네요.
[그러씀니까]

유타: 별말씀을요. 아직 그렇게 잘하지 못해요.
[그러케] [모태요]
저~, 짐은 어디서 찾으면 돼요?

직원: 짐 찾는 곳은 이쪽으로 쭉 걸어서 가시면 나옵니다.
그리고 입국하기 전에 세관신고서를 작성한 후에 제출해 주세요.
[작썽]

유타: 네, 감사합니다.

직원: 좋은 여행 되세요.

한국은 어떻게 오셨어요?
그리고 며칠간 어디서 묵을 거예요?

관광이요. 4박 5일간 전주에 있는 친구집에서 묵기로 했어요.

그래요. 한국어를 굉장히 잘하네요.

별말씀을요. 아직 많이 멀었어요.
저~, 짐은 어디서 찾으면 될까요?

짐 찾는 곳은 이쪽으로 똑바로 걸어서 가면 나옵니다.
그리고 입국하기 전에 세관신고서를 작성한 후에 제출하세요.

네, 고맙습니다.

즐거운 여행 보내세요.

단어와 표현：単語と表現

며칠간	何日間	4級
박	泊	3級
짐	荷物	3級
쭉	まっすぐ	準2級
나오다	出てくる	5級
입국	入国	準2級
세관신고서	税関申告書	準2級
작성	作成	準2級
제출	提出	準2級
관광	観光	3級

● 어떻게 오셨어요?
「どうやって/どんな方法でいらっしゃいましたか」という意味もありますが、무슨 일로 오셨어요?（どんなご用件でいらっしゃいましたか）という意味でも使われます。

● 4박 5일
「何泊何日」は，몇 박 며칠と言います。

● 별말씀을요
お礼に対する謙遜の「とんでもございません」にあたる表現です。他には，천만에요（どういたしまして），별거 아니에요（大したことないです）など，あります。なお，お土産を渡す際に，使われる謙遜表現として，「つまらないものですが…」という表現は，변변치 않습니다만と言います。

● 쭉／바로／곧바로／똑바로
いずれも「まっすぐに」という意味です。

単語：찾다 探す

● 집을 찾다 家を探す 5級
● 돈을 찾다 お金を下ろす 5級
● 사전을 찾다 辞書を引く 4級
● 짐을 찾다 荷物を受け取る 3級

表現：탑승 절차 搭乗の手続き

A: 여권과 티켓을 보여 주세요?（パスポートとチケットを見せてくださいますか）
B: 네, 여기요.（はい，どうぞ）

A: 맡기실 짐이 있으세요?（預ける荷物がありますか）
B: 네. 있어요.／아뇨, 없어요.（はい，あります／いいえ，ありません）

A: 짐을 여기에 놓아 주세요.（荷物をここに置いてください）
깨지기 쉬운※ 물건이 들어 있으세요?（割れやすい物は、入っていますか）
B: 네, 들어 있어요.／아뇨, 없어요.（はい，入っています／いいえ，ありません）

A: 창가와 통로 어느 좌석으로 하시겠어요?（窓側と通路側，どちらの座席にしますか）
B: 창가 좌석으로 부탁해요.（窓側の座席でお願いします）

※ 動詞語幹+기 쉽다／어렵다「～しやすい／～しにくい」

문법 文法

문법 1　ㄷ変則用言

ㄷ変則用言は，으型及び아／어型語尾が続くと，ㄷがㄹに変わります。

1. 으型語尾が続く場合　→　ㄷがㄹに変わります。
   - 仮定・条件　：듣다（聞く）→　듣 + 으면　→　들으면
   - 連体形ㄴ／은：듣다（聞く）→　듣 + 은 음악　→　들은 음악

2. 아／어型語尾が続く場合　→　ㄷがㄹに変わります。
   - 理由・原因　：걷다（歩く）→　걷 + 어서　→　걸어서
   - 해요体　：걷다（歩く）→　걷 + 어요　→　걸어요

연습 1 次の表を完成させてみましょう。　（※正則）

	意味	지만（逆接）	면／으면（仮定）	해요体
듣다				
걷다				
묻다				
싣다				
깨닫다				
묻다※				
믿다※				
닫다※				
받다※				

번역 翻訳：日本語を韓国語に直してみましょう。

(1) 今聞こえている音楽，聴いたことありますか。 ＿＿＿＿＿＿＿＿

(2) これを車に載せていただけますか。 ＿＿＿＿＿＿＿＿

(3) 分からないことは，先生に尋ねてみてください。 ＿＿＿＿＿＿＿＿

(4) 危ないので，歩くとき気を付けてください。 ＿＿＿＿＿＿＿＿

문법 2　못 + 動詞, 動詞語幹 + 지 못하다「不可能：～できない」

不可能を表す表現として，特に못+動詞は，話し言葉でよく使われます。

못+ 動詞	기다리다 (待つ) → 못 기다리다
動詞語幹 + 지 못하다	먹다 (食べる) → 먹지 못하다

※ 名詞+하다の形の動詞の場合は，하다の前に，못を入れます。

청소 못 하다 (○) ／못+청소하다 (×)

가게가 끝나서 여기선 못 기다려요. (店が終わったからここでは待てません)

매운 음식은 먹지 못해요. (辛い食べ物は食べられません)

너무 바빠서 청소 못 했어요. (とても忙しくて掃除ができませんでした)

연습 2　助詞の使い分けに注意しながら会話を完成させましょう。

A: 왜 교실에 들어가지 않아요?　B: 아직 수업이 안 끝나서 못 들어가요.

(1) A: 왜／선생님／만나다

B: 일／너무／많다／선생님／만나다

(2) A: 왜／전철／타다

B: 기다리다／친구／안 오다／전철／타다

(3) A: 왜／일하다／가다

B: 어제／다리／다치다／일하다／가다

(4) A: 왜／어제／저／전화하다

B: 전화하다／것／깜빡／잊어버리다／전화하다

번역　翻訳：日本語を韓国語に直してみましょう。

(1) 食べられないものがあれば，話してください。 ______________________

(2) 忙しくて，風邪をひいても休めません。 ______________________

(3) 読もうとしても読めません。 ______________________

(4) 寒くなってきたので，外では働けません。 ______________________

문법 文法

문법 3　動詞語幹 + 기 전에「~する前に」, 動詞語幹 + ㄴ/은 후에「~した後に」

後続の動作の前後を述べるときに使います。動詞語幹+ㄴ/은 후에における후에は, 뒤에や다음에に置き換えられます。

母音語幹 + 기 전에	만나기 전에	母音語幹 + ㄴ 후에	만난 후에
子音語幹 + 기 전에	먹기 전에	子音語幹 + 은 후에	먹은 후에
ㄹ語幹　+ 기 전에	만들기 전에	ㄹ語幹 【ㄹ脱落】+ ㄴ 후에	만든 후에

만나기 전에 확인해 주세요.（会う前に確認してください）
요리를 만든 후에 먹어 보겠어요.（料理を作った後に食べてみます）

연습 3　助詞の使い分けに注意しながら会話を完成させましょう。

A: 저녁을 먹은 후에 연락할까요?　B: 아뇨, 저녁을 먹기 전에 연락하세요.

(1) A: 회의/끝나다/전화하다
B: 아뇨/회의/시작하다/전화하다

(2) A: 계획/세우다/보고하다
B: 아뇨/계획/세우다/보고하다

(3) A: 선생님/메일/보내다/가다
B: 아뇨/선생님/메일/보내다/가다

(4) A: 저녁/청소하다/먹다
B: 아뇨/식사하다/청소/시작하다

번역　翻訳：日本語を韓国語に直してみましょう。

(1) 寝る前に必ず歯を磨いてください。 ____________________

(2) 到着する前に連絡しなければなりません。 ____________________

(3) 卒業してから留学しようかと思います。 ____________________

(4) 病気が治ってから性格が明るくなりました。 ____________________

문법 4　動詞語幹 ＋ 기로 하다「~ことにする」

決定や計画などを表します。

動詞語幹 ＋ 기로 하다	세우다 (立てる) → 세우기로 하다
	찍다 (撮る)　　→ 찍기로 하다
	만들다 (作る) → 만들기로 하다

내일까지 계획을 세우기로 했어요. (明日までに計画を立てることにしました)

모두가 모여서 사진을 찍기로 했어요. (皆が集まって写真を撮ることにしました)

연습 4 助詞の使い分けに注意しながら会話を完成させましょう。

A: 회의는 어떻게 하기로 했어요?

B: 시간이 별로 없기 때문에 바로 시작하기로 했어요.

(1) A: 모두／어디／모이다

B: 회의실／좁다／넓다／회의실／빌리다

(2) A: 서류／누구／부탁하다

B: 알다／사람／없다／전문가／부탁하다

(3) A: 그／사람／어떻게／하다

B: 서로／성격／안 맞다／헤어지다

(4) A: 언제／메일／보내다

B: 지금／회의중／회의／끝나다／후에／보내다

번역 翻訳：日本語を韓国語に直してみましょう。

(1) 出発する前に連絡することしました。 ______________________________

(2) 5月になったら結婚することにしました。 ______________________________

(3) 別れることにした理由は何ですか。 ______________________________

(4) 忙しくても必ず電話することにしました。 ______________________________

종합연습 総合練習

쓰기 質問に対する答えを書いてみましょう。

(1) 하루에 얼마나 걸어요? ______________________

(2) 안 좋아하는 것과 못 먹는 걸 알려주세요. ______________________

(3) 일어난 후에 제일 먼저 뭘 해요? ______________________

(4) 올해 여름방학에는 뭘 하기로 했어요? ______________________

(5) 모르는 문제가 있으면 누구에게 물어 봐요? ______________________

(6) 보통 일을 시작하기 전에 뭘 하세요? ______________________

말하기 隣の友達とロールプレイを完成させてみましょう。

A: _____부터 _____까지 친구와 한국에 __________.

그래서 비행기 표를 ______________________.

B: 알겠습니다. 잠시만 기다리세요.

당일 오전 비행기는 없어서 ______________지만,

오후 비행기는 ______________________.

A: 네, 알겠습니다. 그걸로 부탁해요.

B: 호텔은 ______________________________.

A: 호텔은 괜찮습니다.

______________________________________.

듣기 1 質問に韓国語で答えてみましょう。

2-29

(1)

(2)

(3)

(4)

(5)

듣기 2 音声を聞いて質問に答えてみましょう。

2-30

(1)

(2)

(3)

(4)

읽기 : 한자 읽기 漢字の読み

작【作】	작가【作家】	작업【作業】	명작【名作】
성【成】	성년【成年】	성립【成立】	합성【合成】

【文法編】

제20과

学習目標 **忘れ物を届け出る**

ㅎ変則用言, 면서／으면서, 도록, 아／어 버리다

죄송한데 지갑을 잃어버렸어요.

※本文会話文は、「ふつう→ゆっくり」スピードの音声が用意されています。

2-31

유타: 저～, 죄송한데 지갑을 잃어버렸어요.
[이러버려써요]

경찰: 그래요. 어디서 잃어버리셨어요?

유타: 그게 남대문시장을 구경하면서 사진을 찍고 있었는데…
[찍꼬] [이썬는데]

경찰: 알겠습니다. 우선, 이 서류 노란색 부분을 작성해 주세요.

범준: 저～, 지갑을 주웠는데요.
[주원는데요]

유타: 아～, 그 하얀색 지갑 제 거예요.
[제 꺼예요]

경찰: (안의 신분증을 본 후) 본인이 맞네요.
[만네요]

다음부터는 잃어버리지 않도록 조심하세요.
[안토록]

유타: 감사합니다. 조심하도록 하겠습니다.

저～, 죄송한데 지갑을 잃어버려서요.

그래요. 어디서 분실하셨어요?

그게 남대문시장을 구경하면서 사진을 찍고 있었는데…

알겠습니다. 우선, 이 서류 노란색 부분을 적어 주세요.

저～, 지갑을 주웠는데요.

아～, 그 하얀색 지갑 제 거예요.

(안의 신분증을 본 후) 본인이 맞네요.
다음부터던 잃어버리지 않도록 주의하세요.

감사해요. 조심하도록 할게요.

단어와 표현：単語と表現

경찰	警察	3級
남대문	南大門（地名）	
우선	まず，最初に	4級
서류	書類	準2級
노란색	黄色	3級
색	色	4級
줍다	拾う	準2級
하얀색	白色	3級
신분증	身分証	準2級
본인	本人	準2級
맞다	合う	5級

● 경찰
警察を呼ぶ際に，親しみを込めて경찰아저씨と呼ぶ場合が多いです。아저씨（おじさん）は，見知らぬ人や親戚以外の男性に声をかけるときにも使われますが，色々な職業につき，군인아저씨（軍人さん），소방관아저씨（消防士さん）のような使い方もあります。一方，女性は，아주머니／아줌마（おばさん）と呼びます。

● 신분증
満17歳以上の韓国国民すべてに与えられる身分証明書を주민등록증（住民登録証）と言い，常時携帯が義務付けられています。名前はもちろん，性別，住所，親指の指紋などが記録されたカード式の身分証です。略して민증と言います。通帳の口座開設や携帯の購入，行政における書類の発行などに必要です。外国人の場合は，외국인등록증（外国人登録証）が発給されます。

表現：사고 및 도난 事故及び盗難

- 경찰에게 신고하다 警察に届け出る 準2級
- 일일구에 전화하다 119に電話する 3級
- 구급차를 부르다 救急車を呼ぶ 3級
- 길을 잃어버리다 道に迷う 4級
- 짐을 분실하다 荷物を紛失する 2級
- 교통사고를 당하다 交通事故に遭う 3級
- 사기를 당하다 詐欺に遭う 準2級
- 소매치기를 당하다 すりに遭う 準2級
- 바가지를 쓰다／당하다 ぼったくりに遭う 2級
- 날치기를 당하다 ひったくりに遭う 2級
- 도둑을 맞다 盗まれる 準2級
- 범인을 잡다 犯人を捕まえる 準2級

문법 文法

문법 1　ㅎ変則用言

語幹末音節の終声がㅎである形容詞は，ㅎ変則用言となります。ただし，形容詞の좋다（いい）と動詞の場合は，正則活用に従います。

1. 으型語尾が続く場合　→ ㅎと으が脱落します。
   - 仮定・条件　：그렇다（そうだ）→ 그렇 ＋ 으면　→　그러면
   - 連体形ㄴ／은：그렇다（そうだ）→ 그렇 ＋ 은 사람　→　그런 사람

2. 아／어型語尾が続く場合　→ ㅎと아／어がㅐに変わります。
   하얗다のみ，母音がㅐとなります。
   - 理由・原因　：파랗다（青い）→ 파랗 ＋ 아서　→　파래서
   - 해요体　：파랗다（青い）→ 파랗 ＋ 아요　→　파래요

연습 1 次の表を完成させてみましょう。

	意味	지만（逆接）	면／으면（仮定）	해요体
이렇다				
그렇다				
저렇다				
어떻다				
빨갛다				
노랗다				
까맣다				
하얗다				

번역 翻訳：日本語を韓国語に直してみましょう。

(1) 青色よりは白色の洋服が似合うと思うけど。 ＿＿＿＿＿＿＿＿

(2) そんな人とは二度と会いたくありません。 ＿＿＿＿＿＿＿＿

(3) 一度作ってみましたが，味はどうですか。 ＿＿＿＿＿＿＿＿

(4) 赤信号のときは，渡らないでください。 ＿＿＿＿＿＿＿＿

문법 2　用言語幹 + 면서／으면서「～ながら，～のに」

二つの動作や状態が同時に成立するという意味を表します。ただし，対立や逆接を表す用法もあります。

母音／ㄹ語幹 + 면서	보다（見る）→ 보면서 먹어요
子音語幹 + 으면서	읽다（読む）→ 읽으면서 먹어요

【同時】 항상 TV를 보면서 밥을 먹어요.（いつもTVを見ながらご飯を食べます）

【同時】 요리를 만들면서 라디오를 들어요.（料理を作りながらラジオを聞きます）

【対立】 알면서 안 알려 줘요.（知っていながら，教えてくれません）

연습 2 助詞の使い分けに注意しながら会話を完成させましょう。

A: 회의는 어떻게 해요?　　B: 모두 커피를 마시면서 회의를 해요.

(1) A: 평소／공부／어떻게／하다
　B: 조용하다／음악／듣다／공부하다

(2) A: 춤／어떻게／연습하다
　B: 노래／부르다／춤／추다

(3) A: 과장님／어떻다／사람
　B: 항상／웃다／인사하다／분

(4) A: 모임／어떻게／진행하다
　B: 좋아하다／요리／만들다／진행하다

비연습 翻訳：日本語を韓国語に直してみましょう。

(1) タバコを吸いながら運転してはいけません。 ＿＿＿＿＿＿＿＿

(2) 危ないから，歩きながら電話しないでください。 ＿＿＿＿＿＿＿＿

(3) お茶でも飲みながら話しましょうか。 ＿＿＿＿＿＿＿＿

(4) そんなに忙しくないのに来ません。 ＿＿＿＿＿＿＿＿

문법 文法

문법 3　動詞語幹 ＋ 도록「～ように, ～まで, ～ほど」

文脈によって, 命令や指示, 方向や目的, 限界や程度などを表します。

動詞語幹 ＋ 도록	
	쉬다 (休む)　→ 쉬도록 하세요. (休むようにしてください)
	죽다 (死ぬ)　→ 죽도록 일했어요. (死ぬほど働きました)
	만들다 (作る) → 만들도록 하세요. (作るようにしてください)

【命令や指示】　늦지 않도록 와 주세요. (遅れないように来てください)

【方向や目的】　발견되지 않도록 숨었어요. (発見されないよう, 隠れました)

【限界や程度】　목이 아프도록 노래했어요. (のどが痛くなるまで, 歌いました)

연습 3 助詞の使い分けに注意しながら会話を完成させましょう。

A: 이거 어떻게 할까요?　　B: 쉽게 깨지니까 조심하도록 하죠.

(1) A: 내일／몇 시／만나다

B: 약속／장소／멀다／빨리／만나다

(2) A: 선물／누구／보내다

B: 선생님／자리／없다／비서／보내다

(3) A: 회의／언제／시작하다

B: 참가하다／사람／대학생이다／오전／하다

(4) A: 일／누구／부탁하다

B: 어렵다／일이다／잘／알다／전문가／부탁하다

번역 翻訳：日本語を韓国語に直してみましょう。

(1) 熱いので, 触らないようにしてください。 ________________

(2) 病気が早く治るように, 努力してください。 ________________

(3) 学生は喉が割けるほど, 歌を歌いました。 ________________

(4) 辛い物は食べず, 十分に休むようにしてください。 ________________

문법 4　動詞語幹 ＋ 아／어 버리다 「~てしまう」

動作が完了･実現したことを表します。

陽母音 ＋ 아 버리다	가다 (行く)	→ 가 버리다 (行ってしまう)
陰母音 ＋ 어 버리다	먹다 (食べる)	→ 먹어 버리다 (食べてしまう)
하다 → 해 버리다	연락하다 (連絡する)	→ 연락해 버리다 (連絡してしまう)

친구와 싸우고 가 버렸어요.(友達と喧嘩して行ってしまいました)
혼자서 전부 먹어 버렸어요.(一人で全部, 食べてしまいました)
아무도 없어서 내가 연락해 버렸어.(誰もいなかったので, 私が連絡してしまった)

연습 4 助詞の使い分けに注意しながら会話を完成させましょう。

A: 왜 전화 안 했어요?　　B: 전화번호를 잊어버려서 전화 못 했어요.

(1) A: 어제／왜／안 오다
　　B: 늦잠／자다／오다

(2) A: 왜／식사／안 하다
　　B: 동생／전부／먹다／식사하다

(3) A: 왜／이렇게／늦다
　　B: 늦다／도착하다／버스／타다

(4) A: 왜／청소기／안 사다
　　B: 다르다／것／사다／청소기／사다

번역 翻訳：日本語を韓国語に直してみましょう。

(1) 悪いことは忘れてしまいなさい。 ____________________

(2) 料理は少しも残さず, 食べてしまいました。 ____________________

(3) 悲しい映画を見ると, すぐ泣いてしまいます。 ____________________

(4) 今は, 皆が去ってしまって誰もいません。 ____________________

종합연습 総合練習

쓰기 質問に対する答えを書いてみましょう。

(1) 어떤 성격을 좋아하세요? ____________________

(2) 음악을 들으면서 공부할 수 있어요? ____________________

(3) 약속 장소에 늦지 않도록 가는 편이에요? ____________________

(4) 지갑을 잃어버리면 어떻게 해요? ____________________

(5) 충동구매를 해 버린 적이 있어요? ____________________

말하기 隣の友達とロールプレイを完成させてみましょう。

A: ______________________________.

B: 왜요? 무슨 일이에요?

A: ________ 를／을 ________ 자전거를 ________

안 되는 거 아시죠?

B: 아~, 네, 알고 있습니다. 죄송해요.

A: 학생이에요?

B: 네, ______________________________.

A: 앞으로 __________ 도록 하세요.

듣기 1 質問に韓国語で答えてみましょう。

2-32

(1)

(2)

(3)

(4)

(5)

듣기 2 音声を聞いて質問に答えてみましょう。

2-33

(1)

(2)

(3)

(4)

읽기 : 한자 읽기 漢字の読み

신【身】	신장【身長】	신체【身体】	출신【出身】
분【分】	분석【分析】	분업【分業】	구분【区分】
증【証】	증거【証拠】	증인【証人】	인증【認証】

コラム 5

結婚式

昔は，ご両親同士の約束やお見合い結婚が多かったため，早婚も多く見られましたが，今は恋愛結婚が最も一般的になっています。統計によると，2019年度平均結婚年齢は，男性33.37歳，女性30.59歳で，2018年度よりそれぞれ0.22歳，0.19歳が延び，日本と同様に晩婚化が進んでいます。

結婚式は，教会やお寺などでも行われますが，結婚式場で行われることが多いです。結婚式場がなかった時代は，新婦側の家の広場（마당）で行われ，お祝いの客には，국수という麺料理が提供されました。麺料理が出されたのは，昔は麺料理が貴重な食べ物であったし，長い麺を食べると長生きできると信じられていたからです。結婚式のとき，麺料理を食べることから，언제 국수 먹어?という表現が，「いつ結婚する？」という意味に転じて使われています。しかし，今は，式場内のバイキング形式やコース料理などが多いです。

韓国の結婚式では，主礼（주례）が欠かせません。主礼が結婚成立を宣言し，新郎新婦にお祝いの言葉を贈ります。主礼は，新郎の恩師に頼むことが多いですが，適当な人物が見つからない場合は，「主礼協会」を通して行う場合もあります。

日本の結婚式と違うところは，まず招待状がなくても参加できます。親戚はもとより，新郎新婦の両親の知り合いなども参加するため（300名以上），本当ににぎやかです。また，参加するお客さんは，スーツだけでなく，ラフなスタイルの人も多いので，服装をあまり気にしなくてもいいかもしれません。そして，祝儀は，親しい友達であれば，1万円くらいですが，知り合いの程度なら3,000円～5,000円でいいです。結婚式は日本に比べて短く，約1時間くらいで終わります。ちなみに，韓国では結婚しても苗字は変わりません（夫婦別姓）。

新婚旅行先は，毎年その順位に変動が見られますが，2019年度は，1位ハワイ，2位バリ，3位モルディブの順でした。

皆さんも韓国人の友達が出来たら，ぜひ結婚式に参加してみてください。

付録

WEB学習動画はこちらから

←連体形のまとめ

変則用言のまとめ→

←待遇表現のまとめ

助詞のまとめ

	助詞	終声	例文
は	는	無	저는 대학생입니다. (私は大学生です)
	은	有	남동생은 회사원입니다. (弟は会社員です)
尊敬	께서는	–	선생님께서는 안 계십니다. (先生はいらっしゃいません)
が	가	無	여기가 식당입니다. (ここが食堂です)
	이	有	이 분이 선생님입니다. (この方が先生です)
尊敬	께서	–	선생님께서 가십니다. (先生が行かれます)
を	를	無	드라마를 봅니다. (ドラマを見ます)
	을	有	사진을 찍습니다. (写真を撮ります)
と	와	無	우유와 빵 (パンと牛乳)
	과	有	빵과 우유 (牛乳とパン)
話し言葉	하고	–	빵하고 우유 (牛乳とパン)
と	랑	無	친구랑 여동생 (友達と妹)
	이랑	有	여동생이랑 친구 (妹と友達)
の	의	–	친구의 친구 (友達の友達)
も	도	–	저도 갑니다. (私も行きます)
に 位置	에	–	학교에 있습니다. (学校にいます)
時間	에	–	12시에 만납니다. (12時に会います)
方向	에	–	학교에 갑니다. (学校に行きます)
人	에게	–	친구에게 보냅니다. (友達に送ります)

助詞のまとめ

	助詞	終声	例文
へ　方向	로	無	학교로 갑니다.（学校へ行きます）
	으로	有	이쪽으로 오세요.（こちらへ来てください）
で　手段	로	無	버스로 갑니다.（バスで行きます）
	으로	有	손으로 씁니다.（手で書きます）
場所	에서	−	학교에서 공부합니다.（学校で勉強します）
単位	에	−	천원에 부탁합니다.（千ウォンでお願いします）
から　場所	에서	−	한국에서 옵니다.（韓国から来ます）
時間	부터	−	1시부터 만납니다.（1時から会います）
人	에게서	−	친구에게서 받았습니다.（友達から貰いました）
話し言葉	한테서	−	친구한테서 받았습니다.（友達から貰いました）
まで	까지	−	저녁까지 공부합니다.（夕方まで勉強します）
より	보다	−	공부보다 운동（勉強より運動）
だけ	만	−	한 개만 있습니다.（一つだけあります）
でも	라도	無	식사라도 하죠.（食事でもしましょう）
	이라도	有	빵이라도 먹죠.（パンでも食べましょう）
しか	밖에	−	100원밖에 없습니다.（100ウォンしかありません）
ように	처럼	−	학생처럼 보입니다.（学生のように見えます）

連体形のまとめ

	未来	現在	過去	
			単純過去	回想
動詞・存在詞	ㄹ/을	는	ㄴ/은	던, 았던/었던
形容詞・指定詞		ㄴ/은	던, 았던/었던	

※ 存在詞있다, 없다, 계시다の場合は, 있던, 없던, 계시던という形で単純過去を表します。
用言と時（때）が結合する場合は, 時制に関係なく慣用的にㄹ/을 때または았을/었을 때を使います。

● **未来連体形**

내일 **볼** 드라마（明日見るドラマ），내일 **먹을** 요리（明日食べる料理）

내일 **만들** 요리（明日作る料理），　내일 **있을** 회의（明日ある会議）

● **現在連体形（動詞・存在詞）**

지금 **보는** 드라마（今見るドラマ），지금 **먹는** 요리（今食べる料理）

지금 **만드는** 요리（今作る料理），　지금 여기에 **있는** 물건（今ここにある品物）

● **現在連体形（形容詞・指定詞）**

큰/**작은**/**먼** 집（大きい/小さい/遠い家），**학생인** 남동생（学生である弟）

● **過去連体形（動詞・存在詞）**

어제 **본** 드라마（昨日見たドラマ），어제 **먹은** 요리（昨日食べた料理）

어제 **만든** 요리（昨日作った料理）

여기에 **있던**/**있었던** 지갑（ここにあった財布）

● **過去連体形（形容詞・指定詞）**

길던/**길었던** 머리（長かった髪），**중학생이던**/**중학생이었던** 딸（中学生だった娘）

● **過去回想連体形（動詞）**

학생 때 자주 **가던**/**갔던** 식당（学生の時よく行っていた食堂）

変則用言のまとめ

● 活用の種類

用言の活用型は、次の3つの種類があります。

活用型		文型	用例
語幹型	語幹のみ	지만 (逆接)	가다 → 가지만 (行くけど)
			먹다 → 먹지만 (食べるけど)
으型	母音語幹 + φ	면/으면 (仮定)	가다 → 가면 (行ったら)
	子音語幹 + 으		먹다 → 먹으면 (食べたら)
아/어型	陽母音 + 아	해요体	앉다 → 앉아요 (座ります)
	陰母音 + 어		먹다 → 먹어요 (食べます)

活用型	文型
語幹型	지 않다 (否定形), 고 (羅列), 고 싶다 (希望), 겠 (意思・推量・丁重さ), 지만 (対比・逆接), 지요 (確認・質問), 고 있다 (状況・進行), 네요 (感嘆), 게 (副詞化), 지 말다/마세요 (禁止), 기 때문에 (理由・原因), 거나 (羅列), 지 못하다 (不可能), 기 전에 (動作の順序), 기로 하다 (決定・計画), 도록 (命令・指示)
으型	세요/으세요 (尊敬形), ㄹ까요/을까요 (意向・意見), 러/으러 (目的), ㄹ게요/을게요 (意志・約束), ㄴ/은 적이 있다/없다 (経験の有無), ㄹ/을 때 (時), ㄹ/을 것이다 (意志・予定), ㄹ래요/을래요 (意志・意向), 면/으면 (仮定・条件), 려고/으려고 하다 (意図), ㄹ/을 수 있다/없다 (可能・不可能), 니까/으니까 (理由・原因), 면/으면 되다 (適当な方法)/안 되다 (禁止・制限), ㄴ/은 지 (時間の経過), ㄴ/은 편이다 (傾向・頻度), ㄹ까/을까 하다 (不確かな計画), ㄴ/은 후에 (動作の順序), 면서/으면서 (同時進行)
아/어型	해요体, 아/어 주다 (依頼), 아서/어서 (先行・理由), 아/어 있다 (完了の持続), 아/어 보다 (経験), 아야/어야 하다/되다 (義務・必要性), 아도/어도 (譲歩・仮定), 아도/어도 되다 (許可・許容), 아지다/어지다 (状態の変化), 아/어 버리다 (完了・実現)

変則用言のまとめ

● ㄹ語幹用言

1. 子音語幹ではなく母音語幹として扱います。
   - 仮定・条件（면／으면）　만들 ＋ 면 → 만들면（作ったら）
   - 動作の目的（러／으러 가다）　만들 ＋ 러 가다 → 만들러 가다（作りに行く）※

2. その上，ㄴ，ㄹ，ㅂ，ㅅで始まる語尾が続くと，【ㄹ脱落】します。
   - 【ㄴ】現在連体形（動詞語幹＋는）　만들＋는 → 만드는
   - 【ㄹ】意志・確認（ㄹ게요／을게요）만들＋ㄹ게요 → 만들게요（終声のㄹ語尾）
   - 【ㅂ】합니다体（ㅂ니다／습니다）　만들＋ㅂ니다 → 만듭니다
   - 【ㅅ】尊敬形（세요／으세요）　만들＋세요 → 만드세요

※ 初声のㄹで始まる語尾（러／으러など）が続くと，ㄹ脱落は起きません。

	意味	지만（逆接）	면／으면（仮定）	해요体
알다	分かる，知る	알지만	알면	알아요
살다	住む，生きる	살지만	살면	살아요
멀다	遠い	멀지만	멀면	멀어요

● 으変則用言

語幹末母音が―で終わる用言は，아／어型語尾が続くと活用が変わります。―の前の母音が陽母音の場合は，―をㅏに，陰母音の場合は，―をㅓに置き換えます。
- **아프다**（痛い）　**아프【陽母音】** ＋ ㅏ요 → **아파요**（痛いです）
- **기쁘다**（嬉しい）　**기쁘【陽母音】** ＋ ㅓ요 → **기뻐요**（嬉しいです）
- **쓰다**（書く／使う）　**쓰　【陰母音】** ＋ ㅓ요 → **써요**（書きます／使います）

	意味	지만（逆接）	면／으면（仮定）	해요体
크다	大きい	크지만	크면	커요
바쁘다	忙しい	바쁘지만	바쁘면	바빠요
슬프다	悲しい	슬프지만	슬프면	슬퍼요

変則用言のまとめ

● ㅂ変則用言

1. 으型語尾が続くと，ㅂ+으が우に変わります。
- 仮定・条件　:**어렵다**（難しい）→ 어렵+으면 → 어려우면
- 動作の目的ㄴ／은：**맵다**（辛い）→ 맵+은 음식 → 매운 음식

2. 아／어型語尾が続くと，ㅂ+아／어が워に変わります。
- 理由・原因　:**어렵다**（難しい）→ 어렵+어서 → 어려워서
- 해요体　:**맵다**（辛い）→ 맵+어요 → 매워요

ただし，**돕다**（手伝う）と**곱다**（きれいだ）は，도와서／고와서，도와요／고와요となります。

※ 多くの形容詞がㅂ変則用言に従うのに対し，動詞は正則活用に従います。

	意味	지만（逆接）	면／으면（仮定）	해요体
춥다	寒い	춥지만	추우면	추워요
귀엽다	可愛い	귀엽지만	귀여우면	귀여워요
돕다	手伝う，助ける	돕지만	도우면	도와요

● 르変則用言

르変則用言は，아／어型語尾が続くと，르の前の母音が陽母音（ㅏ，ㅗ）の場合では，르がㄹ라となり，陰母音（ㅏ，ㅗ以外）の場合では，르がㄹ러となります。ただし，**따르다**（従う），**치르다**（支払う），**들르다**（立ち寄る）は，例外として，으変則用言に従います。
- **빠르다**（早い）→ 빠르【陽母音】 빠+ㄹ라 → **빨라요**（早いです）
- **부르다**（呼ぶ）→ 부르【陰母音】 부+ㄹ러 → **불러요**（呼びます）

	意味	지만（逆接）	면／으면（仮定）	해요体
모르다	分からない	모르지만	모르면	몰라요
흐르다	流れる	흐르지만	흐르면	흘러요
오르다	上がる	오르지만	오르면	올라요

変則用言のまとめ

● ㅅ変則用言

1. 으型語尾が続く場合 → ㅅ脱落
   - ●仮定・条件 ：낫다 (治る) → 낫+으면 → 나으면
   - ●連体形ㄴ／은：낫다 (治る) → 낫+은 병 → 나은 병

2. 아／어型語尾が続く場合 → ㅅ脱落
   - ● 理由・原因 ：짓다 (作る／炊く) → 짓+어서 → 지어서
   - ● 해요体 ：짓다 (作る／炊く) → 짓+어요 → 지어요

	意味	지만 (逆接)	면／으면 (仮定)	해요体
잇다	繋ぐ	잇지만	이으면	이어요
젓다	かき混ぜる	젓지만	저으면	저어요
긋다	引く (線)	긋지만	그으면	그어요

● ㄷ変則用言

1. 으型語尾が続く場合 → ㄷがㄹに変わります。
   - ●仮定・条件 ：듣다 (聞く) → 듣+으면 → 들으면
   - ●連体形ㄴ／은：듣다 (聞く) → 듣+은 음악 → 들은 음악

2. 아／어型語尾が続く場合 → ㄷがㄹに変わります。
   - ● 理由・原因 ：걷다 (歩く) → 걷+어서 → 걸어서
   - ● 해요体 ：걷다 (歩く) → 걷+어요 → 걸어요

	意味	지만 (逆接)	면／으면 (仮定)	해요体
듣다	聞く	듣지만	들으면	들어요
걷다	歩く	걷지만	걸으면	걸어요
묻다	尋ねる	묻지만	물으면	물어요

変則用言のまとめ

● ㅎ変則用言

1. 으型語尾が続く場合　　→ ㅎと으が脱落します。
   - ●仮定・条件　:그렇다 (そうだ)　→ 그렇+으면　→　그러면
   - ●連体形ㄴ／은:그렇다 (そうだ)　→ 그렇+은 사람 →　그런 사람

2. 아／어型語尾が続く場合　　→ ㅎと아／어がㅐに変わります。
   하얗다のみ, 母音がㅒとなります。
   - ●理由・原因　:파랗다 (青い)　→ 파랗+아서　→　파래서
   - ●해요体　:파랗다 (青い)　→ 파랗+아요　→　파래요

※ 形容詞の좋다 (いい) と動詞の場合は, 正則活用に従います。

	意味	지만 (逆接)	면／으면 (仮定)	해요体
이렇다	こうだ	이렇지만	이러면	이래요
그렇다	そうだ	그렇지만	그러면	그래요
하얗다	白い	하얗지만	하야면	하얘요

● 러変則用言

語幹末が르で終わる用言のうち, 이르다 (至る), 푸르다 (青い), 누르다 (黄色い) は, 러変則用言の活用に従います。

아／어型語尾が続くと, いずれも러が加わります。

- ●이르다 (至る) →　이르+러+어요　→　이르러요 (至ります)
- ●푸르다 (青い) →　푸르+러+어요　→　푸르러요 (青いです)

	意味	지만 (逆接)	면／으면 (仮定)	해요体
이르다	至る	이르지만	이르면	이르러요
푸르다	青い	푸르지만	푸르면	푸르러요
누르다	黄色い	누르지만	누르면	누르러요

変則用言表

	語幹型	으型	아/어型
ㄹ語幹	母音語幹として扱う		正則
으変則	―	―	陽母音：ㅡ → ㅏ 陰母音：ㅡ → ㅓ
ㅂ変則	―	ㅂ + 으 → ㅜ	ㅂ + 아/어 → ㅝ
르変則	―	―	陽母音：ㄹ + 라 陰母音：ㄹ + 러
ㅅ変則	―	ㅅ脱落	
ㄷ変則	―	ㄷ → ㄹ	
ㅎ変則	―	ㅎ + 으 → 脱落	ㅎ + 아/어 → ㅐ
러変則	―		러追加

変則用言語彙

ㄹ語幹	알다 열다 울다 팔다 놀다 걸다 길다 달다 들다 멀다 불다 살다 만들다
으変則	쓰다 크다 뜨다 끄다 아프다 바쁘다 모으다 나쁘다 고프다 기쁘다 바쁘다 예쁘다 슬프다 들르다 치르다 따르다
ㅂ変則	춥다 덥다 가깝다 귀엽다 무겁다 가볍다 맵다 싱겁다 쉽다 어렵다 반갑다 고맙다 아름답다 뜨겁다 차갑다 굽다 눕다 시끄럽다 밉다 돕다（아/어型活用に注意）
正則	뽑다 잡다 씹다 업다 접다 입다 좁다
르変則	모르다 부르다 오르다 고르다 지르다 누르다 흐르다 기르다 자르다 마르다 가르다 찌르다 나르다 다르다 빠르다 바르다 서두르다 서투르다 게으르다 머무르다
ㅅ変則	젓다 짓다 잇다 낫다 붓다 긋다
正則	벗다 빗다 솟다 웃다 씻다
ㄷ変則	걷다 듣다 알아듣다 묻다（尋ねる） 깨닫다 싣다 일컫다
正則	닫다 뜯다 묻다（埋める） 믿다 받다 얻다
ㅎ変則	이렇다 그렇다 저렇다 어떻다 빨갛다 하얗다 까맣다 노랗다 파랗다 동그랗다
正則	놓다 빻다 쌓다 좋다 낳다 넣다
러変則	누르다 푸르다 이르다

待遇表現のまとめ

現代韓国語の敬語は，主体敬語（尊敬語），客体敬語（謙譲語），対者敬語（丁寧語）に分類されます。

- 主体敬語：話し手が文章に現れる行為や存在，状態などの主体を高めます。
  尊敬補助語幹시／으시を付けて表します（第7課）。
- 客体敬語：述語の客体，すなわち文章の目的語や副詞語が指示する対象を高めます。
  드리다（差し上げる），모시다（お連れする），여쭙다（お伺いする），뵙다（お目にかかる）などの語彙レベルです。
- 対者敬語：話し手が聞き手を高めたり低めたりします。
  聞き手をどの程度，高めるかは，話し手と聞き手における社会的要因や心理的要因などによりますが，最近の若者は，합니다体，해요体と해라体，해体の2段体系の使用が一般的であるという報告がされています。

	格式体	非格式体
尊敬形	합니다体	해요体
	하오体	
非尊敬形	하게体	해体（반말）
	해라体（한다体）	

해라体（한다体）

通常，文章を書く際の書き言葉として使われると共に，目下の人，親しい人に対する話し言葉としても使われます。

- **叙述「～する，～である」**

動詞語幹 ＋ ㄴ다／는다
形容詞・存在詞・指定詞語幹 ＋ 다（았／었，겠とも結合する）

주말은 항상 도서관에서 공부한다.（週末はいつも図書館で勉強する）

시간이 있을 때는 주로 책을 읽는다.（時間があるときは，主に本を読む）

선생님은 매우 키가 크다.（先生はとても背が高い）

내일은 학교에 있겠다.（明日は学校にいる）

그 때는 아직 학생이었다.（その時はまだ学生であった）

• **疑問「〜か」**

動詞・存在詞語幹	＋ **는가?** (았／었, 겠とも結合する)
形容詞・指定詞語幹	＋ **ㄴ가／은가?**

왜 똑같은 문제가 반복되는가? (どうして同じ問題が繰り返されるのか)

모든 사람이 어디로 갔는가? (すべての人はどこへ行ったのか)

이 문제의 해답은 어디에 있는가? (この問題の解答はどこにあるのか)

일본의 교통비는 왜 비싼가? (日本の交通費はなぜ高いのか)

과연 그는 대학생인가? (果たして彼は大学生なのか)

• **疑問（話し言葉）「〜か」**

用言語幹 ＋ **니?** (았／었, 겠とも結合する)

오후에 뭐 하니? (午後, 何をするの)

어제 왜 안 왔니? (昨日, どうして来なかったの)

어디에 있니? (どこにいるの)

그렇게 바쁘니? (そんなに忙しいの)

• **疑問（話し言葉）「〜か」**

動詞・存在詞語幹	＋ **느냐?** (았／었, 겠とも結合する)
形容詞・指定詞語幹	＋ **냐／으냐?** (았／었, 겠とも結合する)

※ 実際の使用では,「**用言+냐?**」の使用が多いです。「用言語幹+니?」に置き換えられますが,「用言語幹+니?」のほうが優しい印象を与えます。

누구를 만나느냐／만나냐? (誰に会うの)

어디에 있느냐／있냐? (どこにあるの)

어떻게 하면 좋으냐／좋냐? (どうすればいいの)

친구도 대학생이냐? (友達も大学生なの)

• **命令「〜しろ」**

動詞語幹 ＋ 아라／어라

아침 일찍 일어나라.（朝早く起きろ）

놀지 말고 좀 책 읽어라.（遊ばないで，少し本を読め）

• **勧誘「〜しよう」**

動詞語幹 ＋ 자

영화라도 보러 가자.（映画でも見に行こう）

둘이서 같이 만들자.（二人で一緒に作ろう）

• **感嘆「〜するなあ，〜だなあ」**

動詞語幹 ＋ 는구나（는군）
形容詞・存在詞・指定詞語幹 ＋ 구나（군）（았／었，겠とも結合する）

매일 청소하는구나（청소하는군）.（毎日掃除してるなあ）

여기는 오늘도 바쁘구나（바쁘군）.（ここは今日も忙しいなあ）

• **해体（반말体）**

話し言葉として，目下の人，親しい人に対して使われます。

動詞・形容詞・存在詞語幹 ＋ 아／어（았／었，겠とも結合する）

지금 어디 있어? 빨리 와.（今，どこにいるの。早く来いよ）

지금 뭐 해? 영화 봐.（今何してるの。映画見てる）

그래, 같이 봐.（そう，一緒に見よう）

오늘도 바빠?（今日も忙しいの）

名詞 ＋ 야／이야

이 아이가 내 동생인 유타야.（この子が私の弟の雄太だよ）

남동생도 대학생이야?（弟も大学生なの）

아니, 대학생이 아니야.（いや，大学生じゃない）

語彙リスト：（韓国・朝鮮語 → 日本語）

※数字は文法編課を表す

ㄱ

韓国・朝鮮語	日本語	級	課
가／이	～が	5級	3
가게	店	5級	10
가격	価格	3級	9
가깝다	近い	5級	16
가끔	時々	4級	7
가능하다	可能だ	4級	15
가다	行く	5級	2
가르치다	教える	5級	8
가방	カバン	5級	3
가볍다	軽い	4級	16
가수	歌手	4級	10
가슴	胸	5級	16
가운데	真ん中	4級	3
가을	秋	5級	5
가족	家族	5級	1
가지다	持つ	5級	10
감기	風邪	5級	11
감다	洗う（髪）	4級	17
감사하다	感謝する	5級	2
갑자기	急に，突然	4級	14
갔다 오다	行ってくる	3級	16
강아지	子犬	準2級	17
같다	同じだ	5級	13
같이	一緒に	5級	2
개	個	5級	4
개월	～カ月	4級	16
거기	そこ	5級	3
거의	ほとんど	4級	7
건강	健康	3級	18
건너다	渡る	3級	5
건물	建物	4級	10
걷다	歩く	4級	19
걸다	かける	5級	13
걸리다	かかる，掛かる	5級	4
것	こと，もの	5級	10
게으르다	怠ける	準2級	17
게임	ゲーム	4級	1
겨울	冬	5級	5
결혼식	結婚式	3級	17
결혼하다	結婚する	5級	8
경기	景気	準2級	18
경우	場合	4級	12
경찰	警察	3級	20
계시다	いらっしゃる	5級	2
계절	季節	3級	5
계획	計画	4級	19
고기	肉	5級	9
고등학생	高校生	5級	3
고르다	選ぶ	3級	17
고맙다	ありがたい	5級	2
고양이	猫	5級	17
고프다	空く（お腹）	5級	13
고향	故郷，出身	4級	1
곧바로	まっすぐに	準2級	19
곱다	美しい，きれいだ	3級	16
곳	ところ	4級	3
공	ゼロ／零	5級	3
공무원	公務員	3級	6
공부하다	勉強する	5級	2
공원	公園	4級	9
공항	空港	5級	7
과목	科目	準2級	9
과일	果物	5級	4
과장	課長	3級	13
관광	観光	3級	19
관리	管理	3級	18
괜찮다	大丈夫だ	5級	6
굉장히	とても，かなり	3級	11
교사	教師	5級	1
교실	教室	5級	2
교통	交通	3級	18
교통사고	交通事故	3級	18
구경	見物	3級	17
구급차	救急車	3級	20
구매	購買	2級	20
권	冊	5級	4
귀	耳	5級	16
귀엽다	可愛い	3級	2
그	その	5級	3
그거	それ	5級	6
그건	それは	5級	6
그걸	それを	5級	6
그것	それ	5級	3
그게	それが	5級	6
그냥	ただ	4級	12
그래서	それで	5級	5
그래요	そうですか	5級	7
그러면	それでは	5級	3
그런	そんな	4級	20
그런데	ところで，ところが	5級	5
그럼	それなら，では	4級	6
그럼요	そうですよ	3級	16
그렇게	そんなに	4級	4
그렇다	そうだ	3級	20
그리고	そして	5級	8
그만두다	やめる	3級	17
그쪽	そちら	4級	3
극장	劇場	4級	3
근무하다	勤務する	準2級	10
근처	近く	4級	3
글쎄요	さあ，そうですね	4級	13
금연	禁煙	準2級	17
금요일	金曜日	5級	4
기다리다	待つ	5級	4
기대	期待	3級	14
기르다	飼う，伸ばす	3級	17
기분	気分	5級	11
기분전환	気分転換	2級	11
기쁘다	嬉しい	4級	15
기차	汽車	5級	5
기침	せき	準2級	18
길	道	5級	7
김치	キムチ	5級	9
까맣다	黒い	3級	20
까지	～まで	5級	4
깎다	値引く，削る	4級	9
깜빡	うっかり	3級	19
깨끗하다	清潔だ，きれいだ	3級	16
깨닫다	悟る	3級	19
깨지다	破れる	2級	19
께	～に（尊敬形）	4級	7
께서	～が（尊敬形）	4級	7
께서는	～は（尊敬形）	4級	7
꼭	必ず	4級	8
꽃	花	5級	6
끄다	消す	4級	15
끊다	やめる	4級	8
끝나다	終わる	5級	6

ㄴ

韓国・朝鮮語	日本語	級	課
나／저	私	5級	1
나누다	分ける	4級	5
나다	出る	5級	18
나쁘다	悪い	5級	9
나오다	出てくる	5級	19
나이	年，年齢	5級	7
나중에	後で	4級	17
날	日	4級	5
날씨	天気	5級	7
날짜	日付	4級	4
날치기	ひったくり	2級	20
남기다	残す	4級	20
남다	残る	3級	10
남대문	南大門（地名）		20
남동생	弟	4級	1
남자친구	彼氏，男友達	4級	11
남친	彼氏，男友達	4級	11
남편	夫	5級	17
낫다	治る	4級	15
낮다	低い	5級	10
내	私の	5級	3
내과	内科	準2級	18
내년	来年	5級	5
내리다	降りる，降る	5級	7
내일	明日	5級	4
너	お前，君	準2級	12
너무	とても，あまりにも	5級	11
넓다	広い	4級	10
넘다	越える	4級	16
넣다	入れる	5級	18
네	はい	5級	1
네	お前の，君の	準2級	12
네가	お前が，君が	準2級	12
넥타이	ネクタイ	準2級	6

년	～年	5級	3
노란색	黄色	3級	20
노랗다	黄色い	3級	20
노래	歌	5級	2
노래방	カラオケ	4級	4
놀다	遊ぶ	5級	2
높다	高い	5級	5
놓다	置く	5級	10
누가	誰が	5級	7
누구	誰	5級	3
누나	姉（弟から）	5級	3
누르다	押す	3級	17
눈	目，雪	5級	12
느리다	遅い	4級	12
는／은	～は	5級	1
늘	いつも	4級	7
늦게	遅く	4級	6
늦다	遅れる	5級	9
늦잠	朝寝坊	4級	20
니	お前	2級	12
님	様	4級	7

ㄷ

다니다	通う	5級	10
다르다	違う，異なる	4級	17
다리	脚	5級	16
다시	再び	5級	11
다음	次，後	5級	14
다음 달	来月	5級	5
다음 주	来週	5級	5
다이어트	ダイエット	準2級	13
다치다	怪我する	4級	18
닦다	磨く	4級	17
닫다	閉める	5級	9
달	月，～カ月	5級	4
달다	甘い	4級	16
달리다	走る	4級	10
닮다	似る	3級	10
담배	タバコ	4級	8
당신	あなた	3級	12
당일	当日	3級	19
당하다	やられる	3級	20
대	台	4級	4
대리	代理	準2級	13
대신	代わり	4級	14
대체로	大体	3級	16
대학교	大学	5級	1
대학생	大学生	5級	1
댁	お宅	4級	7
댄스	ダンス	準2級	1
더	もっと，さらに	5級	12
덥다	暑い	5級	9
도	～も	5級	1
도난	盗難	準2級	20
도둑	泥棒	準2級	20
도서관	図書館	5級	2
도착하다	到着する	4級	8
독서	読書	4級	1
돈	お金	5級	10
돌아가시다	お亡くなりになる	5級	7
돌아가다	帰っていく	4級	8
돌아오다	帰ってくる	4級	8
돕다	手伝う，助ける	3級	16
동생	弟，妹	5級	5
되다	なる	4級	5
두 번 다시	二度と	4級	20
둘이（서）	二人，二人で	4級	12
뒤	後ろ	5級	3
드라이브	ドライブ	準2級	11
드시다	召し上がる	4級	7
듣다	聞く	4級	2
들	～たち，～ども	4級	10
들다	上げる，持つ	5級	12
들다	入る	4級	9
들리다	聞こえる	5級	19
들어가다	入っていく	4級	8
들어오다	入ってくる	4級	8
디자인	デザイン	準2級	9
따다	取る（免許）	3級	12
따뜻하다	暖かい，温かい	4級	10
따르다	従う	3級	17
딸	娘	5級	10
때	時	4級	5
떠나다	去る	4級	20
떠들다	騒ぐ	準2級	15
떨어지다	落ちる	4級	10
또	また	5級	11
똑바로	まっすぐに	準2級	19
뜨겁다	熱い	3級	10

ㄹ

라고／이라고 합니다	～と申します	5級	1
라도／이라도	～でも	4級	11
라디오	ラジオ	4級	20
라면	ラーメン	4級	6
랑／이랑	～と，～とか（助詞）	3級	12
로／으로	～へ（方向）	5級	13
로／으로	～で（道具，手段）	5級	5
를／을	～を	5級	2

ㅁ

마리	匹	5級	4
마시다	飲む	5級	2
마음	心，気	5級	9
마지막	最後	4級	10
마지막으로	最後に	4級	10
막걸리	マッコリ	準2級	10
막히다	混む，塞がる	3級	12
만	万	5級	3
만	～だけ	5級	8
만나다	会う	5級	2
만나서 반갑습니다	お会いできてうれしいです	5級	1
만들다	作る	5級	2
만지다	触る	3級	17
많다	多い	5級	5
많이	多く，たくさん	5級	12
말	言葉，話	5級	7
말씀	お言葉，お話	4級	7
말하다	話す	5級	9
맛	味	5級	20
맛없다	不味い	5級	10
맛있다	美味しい	5級	7
맞다	あたる，受ける	3級	17
맞다	合う	5級	20
맡기다	預ける	3級	15
매다	結ぶ	4級	5
매우	とても	4級	4
매일	毎日	5級	4
맥주	ビール	4級	10
맵다	辛い	4級	2
머리	頭	5級	10
먹다	食べる	5級	2
먼저	先に	5級	8
멀다	遠い	5級	9
멀미하다	酔う（乗り物）	準2級	12
멈추다	止まる	3級	12
메다	担ぐ	準2級	5
메일	メール	5級	14
며칠	何日	4級	3
며칠간	何日間	4級	19
면접	面接	準2級	17
면허	免許	準2級	12
명	名	5級	4
몇 개	何個	5級	3
몇 년	何年	5級	3
몇 분	何分	5級	4
몇 사람	何人	4級	8
몇 시	何時	5級	4
몇 월	何月	4級	3
몇 장	何枚	5級	3
몇 층	何階	5級	3
모두	すべて，みな	5級	10
모레	明後日	5級	15
모르다	分からない，知らない	5級	15
모으다	集める，貯める	4級	15
모이다	集まる，貯まる	4級	10
모임	集まり	3級	20
모자	帽子	4級	17
목	首，喉	5級	15
목요일	木曜日	5級	4
몸	体，身体	5級	15
몸살이 나다	体調を崩す，寒気がする	準2級	18
못하다	下手だ	5級	5

무릎	膝	4級	16
무섭다	怖い，恐ろしい	3級	16
무슨	何の	5級	2
무엇	何	5級	1
묵다	泊まる	3級	15
문	門，ドア	5級	9
문법	文法	3級	16
묻다	埋める	準2級	19
묻다	尋ねる	4級	7
물	水	5級	2
물가	物価	準2級	18
물건	品物	4級	9
물론	勿論	3級	16
미국	アメリカ	4級	5
미리	あらかじめ	3級	12
미지근하다	ぬるい	準2級	10
믿다	信じる	4級	12
및	及び，ならびに	3級	20

ㅂ

바가지	ぼったくり	2級	20
바꾸다	替える	4級	15
바뀌다	変わる	3級	11
바다	海	5級	12
바로	すぐに，まさに	5級	6
바쁘다	忙しい	5級	4
바지	ズボン	5級	17
박	泊	3級	19
밖	外	5級	3
밖에	～しか	4級	8
반대하다	反対する	3級	18
반드시	必ず，絶対に	4級	15
받다	貰う	5級	6
발	足	5級	16
발견	発見	3級	20
발견되다	発見される	3級	20
발음	発音	4級	9
밝다	明るい	4級	18
밥	ご飯	5級	2
방	部屋	5級	10
방법	方法	4級	18
방학	休み	4級	5
배	お腹，船，梨	5級	5
배꼽	へそ	準2級	16
배우	俳優	準2級	10
배우다	習う	5級	2
백	百	5級	3
백화점	デパート	4級	2
버리다	捨てる	4級	14
버스	バス	5級	5
번	回	5級	4
벌리다	開ける，広げる	3級	18
벌써	もう，すでに	4級	11
범인	犯人	準2級	20
벗다	脱ぐ	5級	17
변호사	弁護士	準2級	7
별로	別に，さほど	3級	10
병	病気	5級	19
병	瓶	5級	4
병원	病院	5級	2
보고하다	報告する	準2級	19
보내다	送る，過ごす	5級	5
보다	見る	5級	2
보다	～より	5級	5
보이다	見える，見せる	4級	5
보통	普段	4級	2
본인	本人	準2級	20
봄	春	5級	5
부끄럽다	恥ずかしい	3級	12
부르다	呼ぶ，歌う，いっぱいだ	4級	17
부모	両親	4級	7
부모님	ご両親	4級	3
부분	部分	3級	17
부사장	副社長	準2級	13
부장	部長	3級	7
부족하다	不足する	3級	14
부탁	お願い，頼み	5級	9
부탁드리다	お願いする	4級	9
부탁하다	頼む，お願いする	5級	7
부터	～から（時間）	5級	4
분	～分	5級	3
분	方	5級	4
분실하다	紛失する	2級	20
분위기	雰囲気	3級	18
불편하다	不便だ	3級	13
붓다	腫れる，注ぐ	準2級	18
비	雨	5級	7
비뇨기과	泌尿器科	2級	18
비밀	秘密	3級	13
비빔밥	ビビンパ	5級	7
비서	秘書	準2級	20
비싸다	高い（値段）	5級	5
비행기	飛行機	5級	5
빈도	頻度	2級	7
빌리다	借りる	4級	9
빠르다	早い	4級	12
빨갛다	赤い	3級	20
빨래	洗濯	3級	6
빨리	早く	5級	5
빵	パン	5級	3
삐다	挫く，捻挫する	準2級	18

ㅅ

사고	事故	3級	18
사과	リンゴ	5級	4
사귀다	付き合う	3級	8
사기	詐欺	準2級	20
사다	買う	5級	2
사람	人	5級	3
사랑하다	愛する	5級	15
사무원	事務員	3級	13
사실	事実	4級	17
사오다	買ってくる	4級	12
사용	使用	3級	15
사용하다	使用する	3級	15
사원	社員	3級	13
사이	仲，間	4級	10
사이	間	4級	3
사이즈	サイズ	1級	13
사장	社長	4級	7
사전	辞書	4級	19
사진	写真	5級	2
산	山	5級	10
산부인과	産婦人科	2級	18
살	肉，肌	3級	13
살	歳	5級	4
살다	住む，生きる	5級	2
살빠지다	痩せる	準2級	15
살찌다	太る	準2級	13
상무	常務	準2級	13
새롭다	新しい	3級	16
색	色	4級	20
생각나다	思い出す	4級	11
생각보다	思ったより	2級	16
생각하다	思う	5級	20
생기다	生じる，出来る	4級	14
생일	誕生日	5級	3
생활	生活	4級	15
샴푸	シャンプー	準2級	17
서다	立つ	4級	5
서두르다	急ぐ	3級	17
서로	互いに	4級	19
서류	書類	準2級	20
선	線	4級	18
선물	プレゼント	5級	6
선배	先輩	3級	5
선생님	先生	5級	3
설명	説明	4級	11
설명하다	説明する	4級	11
설사하다	下痢する	準2級	18
성격	性格	3級	6
성적	成績	3級	17
성함	お名前	4級	7
세관신고서	税関申告書	準2級	19
세다	数える	4級	5
세우다	立てる，建てる，止める	5級	9
센티	センチ	3級	17
소개하다	紹介する	4級	9
소매치기	スリ	準2級	20
소아과	小児科	2級	18
소주	焼酎	準2級	10
손	手	5級	5
손님	客	5級	4

쇼핑	ショッピング	4級	5
수술하다	手術する	3級	18
수업	授業	5級	4
수업중	授業中	4級	15
수영	水泳	準2級	1
수요일	水曜日	5級	4
수학	数学	準2級	4
숙박	宿泊	準2級	15
숙박하다	宿泊する	準2級	15
술	酒	5級	8
숨다	隠れる，潜む	3級	20
쉬다	休む	4級	12
쉽다	簡単だ，たやすい	5級	9
스포츠	スポーツ	5級	4
슬프다	悲しい	4級	10
시	時	5級	4
시간	時間	5級	3
시계	時計	5級	3
시골	田舎	3級	13
시원하다	涼しい	3級	10
시작하다	始める	5級	7
시장	市場	5級	5
시키다	させる，注文する	5級	12
시험	試験	5級	6
식다	冷める	3級	10
식사	食事	5級	8
식당	食堂	5級	2
신고하다	申告する，届ける	準2級	20
신다	履く	5級	5
신문	新聞	5級	12
신발	靴，履物	5級	13
신분증	身分証	準2級	20
신입생	新入生	2級	13
신제품	新製品	3級	16
신호	信号	4級	20
싣다	載せる	3級	19
실은	実は	準2級	11
싫다	嫌いだ，いやだ	5級	18
싫어하다	嫌いだ，いやだ	5級	4
싸다	安い	5級	9
싸우다	喧嘩する	4級	9
쏘다	撃つ，おごる	3級	14
쓰다	書く，使う	5級	15
쓰다	苦い	準2級	10
쓰러지다	倒れる	3級	17
쓰레기	ゴミ	3級	10
씨	さん	5級	1
씻다	洗う	4級	17

ㅇ

아내	妻	5級	10
아뇨	いいえ	5級	2
아니다	ではない	5級	3
아니요	いいえ	5級	2
아래	下	5級	3
아르바이트	アルバイト	4級	2
아마	多分	4級	3
아무도	誰も	4級	13
아무리	いくら，どんなに	3級	15
아버님	お父様	4級	7
아버지	父	5級	5
아빠	パパ	4級	8
아이	子供	5級	10
아저씨	おじさん	5級	20
아주머니	おばさん	5級	20
아줌마	おばさん	3級	20
아직	まだ	4級	8
아직 멀다	まだまだだ	3級	10
아침	朝，朝ご飯	5級	6
아파트	アパート，マンション	5級	10
아프다	痛い	5級	12
안	中	5級	3
안경	眼鏡	5級	17
안과	眼科	2級	18
안내	案内	3級	9
안녕	こんにちは	5級	1
안녕하세요	こんにちは	5級	1
안색	顔色	準2級	11
앉다	座る	5級	5
알겠습니다	分かりました	5級	2
알다	分かる，知る	5級	7
알리다	知らせる	4級	11
알바	アルバイト	4級	4
앞	前	5級	3
앞머리	前髪	5級	17
앞으로	これから	4級	8
애	子供	5級	10
애인	恋人	3級	11
야구	野球	5級	1
약	薬，約	5級	15
약속	約束	4級	3
양말	靴下	5級	17
어깨	肩	4級	16
어느	どの	5級	3
어느 거	どれ	5級	6
어느 건	どれは	5級	6
어느 걸	どれを	5級	6
어느 것	どれ	5級	3
어느 게	どれが	5級	6
어느 곳	どこ	4級	3
어느 쪽	どちら	5級	3
어둡다	暗い	4級	18
어디	どこ	5級	1
어디서	どこで	5級	7
어때요	どうですか	5級	12
어떤	どんな	5級	7
어떻게	どうやって，どのように	5級	5
어떻다	どうだ	3級	4
어렵다	難しい	5級	4
어른	大人	4級	17
어리다	幼い	4級	12
어머니	母	5級	7
어머님	お母様	4級	7
어서 오세요	いらっしゃいませ	5級	7
어울리다	似合う	4級	20
어제	昨日	5級	5
억	億	3級	3
언니	姉（妹から）	5級	8
언제	いつ	5級	3
언제나	いつも	5級	7
얼굴	顔	5級	10
얼굴색	顔色	4級	11
얼마	いくら	5級	3
얼마나	どのくらい	4級	4
엄마	ママ	4級	8
없다	ない，いない	5級	2
없어지다	なくなる	4級	11
엉덩이	尻	準2級	16
에	～に（位置）	5級	2
에	～に（時間）	5級	4
에	～に（方向）	5級	4
에게	～に（人，動物）	5級	6
에게서	～から（人，動物）	4級	6
에서	～で（場所）	5級	2
에서	～から（場所）	5級	4
여권	パスポート	3級	19
여기	ここ	5級	3
여기요	すみません	5級	9
여동생	妹	4級	1
여러분	皆さん，皆様	4級	10
여름	夏	5級	5
여보세요	もしもし	5級	2
여자친구	彼女，女友達	4級	11
여친	彼女，女友達	4級	11
여행	旅行	5級	4
역	駅	5級	2
연기	演技	3級	10
연락	連絡	4級	6
연락하다	連絡する	4級	11
연세	お歳	4級	7
연습	練習	4級	11
연습하다	練習する	4級	11
열	熱	5級	18
열다	開ける	5級	9
열심히	一生懸命に	4級	15
영	ゼロ／零	5級	3
영어	英語	5級	5
영화	映画	5級	1
영화표	映画チケット	4級	3
옆	横	5級	3
예쁘다	きれいだ	4級	9
예약	予約	準2級	15
예약하다	予約する	準2級	15
예요／이에요	～です	5級	5

예정	予定	4級	12
옛날	昔	4級	16
오늘	今日	5級	4
오다	来る	5級	5
오르다	上がる，登る	4級	17
오른쪽	右側	4級	3
오빠	兄（妹から）	5級	3
오전	午前	5級	4
오후	午後	5級	4
온천	温泉	準2級	15
올해	今年	5級	5
옮기다	移す	3級	13
옷	服	5級	10
와／과	～と	5級	3
와인	ワイン	準2級	10
완전히	完全に	3級	16
왜요？	なぜですか	5級	4
외과	外科	準2級	18
외롭다	寂しい	準2級	18
외출하다	外出する	準2級	15
왼쪽	左側	4級	3
요리	料理	5級	2
요일	曜日	5級	4
요즘	近頃，最近	4級	9
용서하다	許す，容赦する	準2級	18
우리	私たち，我々	5級	1
우리집	我が家	5級	8
우선	まず，最初に	4級	20
우연히	偶然	準2級	17
우유	牛乳	5級	3
우체국	郵便局	5級	2
운동	運動	5級	5
운동장	運動場	3級	10
운동하다	運動する	5級	2
운전	運転	準2級	12
운전사	運転手	準2級	7
울다	泣く	5級	10
웃다	笑う	5級	10
위치	位置	3級	3
원	ウォン	5級	3
월	～月	5級	3
월요일	月曜日	5級	4
위	上	5級	3
위험하다	危険だ，危ない	3級	17
유명하다	有名だ	3級	10
유학	留学	4級	11
유학하다	留学する	4級	11
유행하다	流行する	3級	10
은행	銀行	5級	2
음료수	飲料水，飲み物	準2級	10
음식	食べ物	5級	12
음악	音楽	5級	1
응	うん	3級	1
의문	疑問	3級	7
의사	医者	5級	1
의자	椅子	5級	10
이	歯	5級	17
이	この	5級	3
이거	これ	5級	6
이건	これは	5級	6
이걸	これを	5級	6
이것	これ	5級	3
이게	これが	5級	6
이런	こんな	4級	20
이렇게	こんなに	4級	20
이렇다	こうだ	3級	20
이름	名前	5級	1
이미	すでに，とうに	3級	16
이번	今回，今度	5級	8
이번 달	今月	5級	5
이번 주	今週	5級	5
이사	理事	準2級	13
이야기	話	5級	6
이야기하다	話す	5級	13
이유	理由	4級	11
이쪽	こちら	4級	3
이혼하다	離婚する	2級	16
인구	人口	3級	9
인기	人気	4級	9
인사하다	挨拶する	4級	20
인터넷	インターネット	4級	18
인형	人形	準2級	10
일	仕事，こと，用事	5級	2
일	～日	5級	3
일기	日記	3級	15
일본	日本	5級	1
일본 사람	日本人	5級	1
일어나다	起きる	5級	9
일요일	日曜日	5級	4
일찍	早く	4級	14
일하다	働く	5級	5
읽다	読む	5級	2
잃어버리다	無くしてしまう	4級	14
임원	役員	1級	13
입	口	5級	16
입국	入国	準2級	19
입니까	～ですか	5級	1
입니다	～です	5級	1
입다	着る	5級	10
입학하다	入学する	4級	13
잇다	結ぶ，繋ぐ	3級	18
있다	いる，ある	5級	2
잊다	忘れる	5級	15
잊어버리다	忘れる	4級	19

ㅈ

자기	自己，自分	5級	13
자다	寝る	5級	4
자르다	切る	3級	17
자리	席	5級	11
자전거	自転車	4級	5
자주	よく，頻繁に	4級	2
작년	昨年	5級	5
작다	小さい	5級	9
작성	作成	準2級	19
잔	杯	4級	4
잘	よく，上手に	5級	9
잘생기다	ハンサムだ	3級	10
잘하다	上手だ	5級	5
잠	寝ること，睡眠	4級	11
잠깐	しばらく，ちょっと	4級	13
잠시	しばらく	4級	9
잡다	つかむ，握る	5級	12
잡수시다	召し上がる	4級	7
장	枚	5級	4
장소	場所	3級	6
재미없다	面白くない	5級	10
재미있다	面白い	5級	2
저	あの	5級	3
저거	あれ	5級	6
저건	あれは	5級	6
저걸	あれを	5級	6
저것	あれ	5級	3
저게	あれが	5級	6
저기	あそこ	5級	3
저녁	夕方，夕飯	5級	6
저런	あんな	4級	20
저렇게	あんなに	4級	20
저렇다	ああだ	3級	20
저쪽	あちら	4級	3
저희	私ども	5級	12
적다	書き記す	3級	20
전	前	4級	11
전공	専攻	3級	1
전무	専務	1級	13
전문가	専門家	3級	19
전부	全部，全て	3級	9
전주	全州（地名）		14
전철	電車	5級	5
전혀	全然，全く	4級	7
전화	電話	5級	7
전화번호	電話番号	4級	7
전화하다	電話する	5級	11
점심	昼，昼ご飯	4級	8
점원	店員	準2級	9
점점	段々	3級	18
접수하다	受付する	準2級	12
젓다	振る，かき混ぜる	準2級	18
정도	程度	4級	3
정리	整理	3級	12
정리하다	整理する	3級	12
정말	本当	5級	6
정말로	本当に	4級	9
정하다	決める，定める	4級	12
젖다	濡れる，混ぜる	3級	17

제	私の	5級	3
제일	いちばん，最も	5級	10
제출	提出	準2級	19
조금	少し	4級	8
조금 더	もう少し	4級	10
조심하다	気を付ける	準2級	18
조용하다	静かだ	3級	11
졸업	卒業	4級	8
졸업하다	卒業する	4級	13
좀	ちょっと，すこし	5級	7
좁다	狭い	4級	19
종종	時々	準2級	7
좋겠다	いいなぁ	3級	5
좋다	いい	5級	2
좋아하다	好きだ	5級	4
좌석	座席	準2級	19
죄송합니다	すみません	5級	3
주다	あげる，くれる	5級	5
주말	週末	5級	2
주무시다	休みになる	4級	7
주부	主婦	4級	13
주스	ジュース	5級	10
주의	注意	4級	18
주의하다	注意する	4級	18
주임	主任	2級	13
죽다	死ぬ	4級	7
준비하다	準備する	4級	8
줍다	拾う	準2級	20
중국어	中国語	5級	5
중요하다	重要だ	4級	10
중학생	中学生	3級	11
즐겁다	楽しい	3級	15
증상	症状	準2級	18
지각	遅刻	4級	17
지갑	財布	4級	8
지금	今	5級	2
지나다	過ぎる	5級	16
지난달	先月	5級	5
지난주	先週	5級	5
지불하다	支払う	準2級	15
지치다	疲れる，くたびれる	3級	18
지키다	守る	4級	8
지하철	地下鉄	5級	5
직업	職業	4級	6
직원	職員	3級	17
진짜	ほんとう，本物	4級	14
진행하다	進行する	3級	20
질리다	飽きる	2級	15
짐	荷物	3級	19
집	家	5級	1
짓다	作る，炊く	4級	18
짧다	短い	5級	10
쪽	～方	5級	3
쭉	まっすぐ	準2級	19
찍다	撮る	5級	7
찢어지다	破れる	準2級	20

ㅊ

차	車，お茶	5級	5
차갑다	冷たい	3級	10
차장	次長	3級	13
참	本当に，非常に	4級	16
참가하다	参加する	3級	17
창가	窓側	2級	19
창문	窓	4級	15
창피하다	恥ずかしい	準2級	12
찾다	探す，下ろす	5級	8
책	本	5級	2
책상	机	5級	3
처럼	～みたい，～よう	4級	10
처음	初めて	5級	1
처음 뵙겠습니다	初めまして	5級	1
천	千	5級	3
천천히	ゆっくり	5級	15
청소	掃除	3級	6
청소하다	掃除する	3級	4
체크아웃	チェックアウト	2級	15
체크인	チェックイン	2級	15
초	～秒	4級	3
최근	最近	3級	11
축구	サッカー	5級	1
출근하다	出勤する	3級	10
출발	出発	4級	7
출발하다	出発する	4級	7
춤	踊り	3級	18
춥다	寒い	5級	2
충동	衝動	2級	20
충분히	十分に	3級	20
취미	趣味	5級	1
층	～階	5級	3
치과	歯科	準2級	18
치마	スカート	5級	17
친구	友達	5級	1
침대	ベット	3級	12

ㅋ

카레	カレー	準2級	13
카운터	カウンター	4級	15
커피	コーヒー	5級	2
커피숍	コーヒーショップ	4級	10
컴퓨터	パソコン	5級	20
켜다	点ける	4級	5
코	鼻	5級	16
콘서트	コンサート	4級	5
콜라	コーラ	4級	10
콧물	鼻水	4級	18
크다	大きい	5級	2
크리스마스	クリスマス	準2級	13
키	背	5級	6

ㅌ

타다	乗る	5級	5
택시	タクシー	5級	5
토요일	土曜日	5級	4
통로	通路	2級	19
특별히	特に，特別に	3級	13
티켓	チケット	4級	3

ㅍ

파	ねぎ	4級	17
파랗다	青い	3級	20
파티	パーティー	3級	17
팔	腕	5級	16
팔다	売る	5級	3
팔리다	売れる	準2級	9
펴다	広げる	4級	5
편	～ほう	4級	16
편의점	コンビニ	4級	2
편지	手紙	5級	8
편하다	楽だ，便利だ	4級	13
평소	平素	準2級	16
평일	平日	準2級	9
포장하다	包装する	準2級	9
표	票，券，切符	4級	3
피	血	4級	18
피곤하다	疲れる	4級	12
피다	咲く，やめる	4級	16
피부과	皮膚科	2級	18
피우다	吸う（タバコ）	4級	8

ㅎ

하고	～と（話し言葉）	5級	3
하다	する	5級	2
하루	一日	4級	15
하얀색	白色	3級	20
하얗다	白い	3級	20
하지만	しかし	5級	4
학교	学校	5級	1
학년	年生	4級	3
학생	学生	5級	2
학원	学院，塾	準2級	12
한가하다	暇だ	準2級	12
한국	韓国	5級	1
한국 사람	韓国人	5級	1
한국말	韓国語	5級	16
국어	国語	準2級	5
한국어	韓国語	5級	2
한테	～に（人，動物）	5級	6
한테서	～から（人，動物）	4級	6
할머니	お婆さん	5級	8
할아버지	お爺さん	5級	8
함께	一緒に，共に	4級	11
합격하다	合格する	3級	12
항상	いつも	3級	7
해외	海外	4級	16

해운대	海雲台（地名）		11
행복하다	幸福だ	3級	10
허리	腰	5級	16
헤어지다	別れる	3級	11
현금	現金	3級	13
형	兄（弟から）	5級	8
형제	兄弟	4級	7
호실	号室	3級	15
혹시	もしかして	4級	2
혼자（서）	一人，一人で	4級	12
홍차	紅茶	4級	10
화요일	火曜日	5級	4
화장품	化粧品	3級	6
확인	確認	3級	12
확인하다	確認する	3級	12
회사	会社	5級	2
회사원	会社員	5級	1
회의	会議	3級	10
회의실	会議室	3級	19
회의중	会議中	3級	10
후	後	4級	19
후배	後輩	3級	5
휴일	休日	4級	9
흐르다	流れる	4級	17
흐리다	曇る	4級	18
힘	力	4級	11
힘내다	頑張る，元気を出す	4級	11
힘들다	大変だ，困難だ	4級	11

語彙リスト：（日本語 → 韓国・朝鮮語）

※数字は文法編課を表す

あ			
ああだ	저렇다	3級	20
挨拶する	인사하다	4級	20
愛する	사랑하다	5級	15
間	사이	4級	3
会う	만나다	5級	2
合う	맞다	5級	20
青い	파랗다	3級	20
赤い	빨갛다	3級	20
明るい	밝다	4級	18
上がる，登る	오르다	4級	17
秋	가을	5級	5
飽きる	질리다	2級	15
開ける	열다	5級	9
開ける，広げる	벌리다	3級	18
上げる，持つ	들다	5級	12
あげる，くれる	주다	5級	5
朝，朝ご飯	아침	5級	6
明後日	모레	5級	15
朝寝	늦잠	4級	20
脚	다리	5級	16
足	발	5級	16
明日	내일	5級	4
味	맛	5級	20
預ける	맡기다	3級	15
あそこ	저기	5級	3
遊ぶ	놀다	5級	2
暖かい，温かい	따뜻하다	4級	10
頭	머리	5級	10
新しい	새롭다	3級	16
あたる，受ける	맞다	3級	17
あちら	저쪽	4級	3
暑い	덥다	5級	9
熱い	뜨겁다	3級	10
集まり	모임	3級	20
集まる，貯まる	모이다	4級	10
集める，貯める	모으다	4級	15
後	후	4級	19
後で	나중에	4級	17
あなた	당신	3級	12
兄（妹から）	오빠	5級	3
兄（弟から）	형	5級	8
姉（妹から）	언니	5級	8
姉（弟から）	누나	5級	3
あの	저	5級	3
アパート，マンション	아파트	5級	10
甘い	달다	4級	16
雨	비	5級	7
アメリカ	미국	4級	5
洗う	씻다	4級	17
洗う（髪）	감다	4級	17
あらかじめ	미리	3級	12
ありがたい	고맙다	5級	2
歩く	걷다	4級	19
アルバイト	아르바이트	4級	2
アルバイト	알바	4級	4
あれ	저거	5級	6
あれ	저것	5級	3
あれが	저게	5級	6
あれは	저건	5級	6
あれを	저걸	5級	6
あんな	저런	4級	20
案内	안내	3級	9
あんなに	저렇게	4級	20

い			
いい	좋다	5級	2
いいえ	아뇨	5級	2
いいえ	아니요	5級	2
いいなぁ	좋겠다	3級	5
家	집	5級	1
行く	가다	5級	2
いくら	얼마	5級	3
いくら，どんなに	아무리	3級	15
医者	의사	5級	1
椅子	의자	5級	10
忙しい	바쁘다	5級	4
急ぐ	서두르다	3級	17
痛い	아프다	5級	12
位置	위치	3級	3
一日	하루	4級	15
市場	시장	5級	5
一番，最も	제일	5級	10
いつ	언제	5級	3
一生懸命に	열심히	4級	15
一緒に	같이	5級	2
一緒に，共に	함께	4級	11
行ってくる	갔다 오다	3級	16
いつも	늘	4級	7
いつも	언제나	5級	7
いつも	항상	3級	7
田舎	시골	3級	13
今	지금	5級	2
妹	여동생	4級	1
いらっしゃいませ	어서 오세요	5級	7
いらっしゃる	계시다	5級	2
いる，ある	있다	5級	2
入れる	넣다	5級	18
色	색	4級	20
インターネット	인터넷	4級	18
飲料水，飲み物	음료수	準2級	10

う			
上	위	5級	3
ウォン	원	5級	3
受付する	접수하다	準2級	12
後ろ	뒤	5級	3
歌	노래	5級	2
撃つ，おごる	쏘다	3級	14
うっかり	깜빡	3級	19
美しい，きれいだ	곱다	3級	16
移す	옮기다	3級	13
腕	팔	5級	16
海	바다	5級	12
埋める	묻다	準2級	19
売る	팔다	5級	3
嬉しい	기쁘다	4級	15
売れる	팔리다	準2級	9
うん	응	3級	1
運転	운전	準2級	12
運転手	운전사	3級	7
運動	운동	5級	5
運動場	운동장	3級	10
運動する	운동하다	5級	2

え			
映画	영화	5級	1
映画チケット	영화표	4級	3
英語	영어	5級	5
駅	역	5級	2
選ぶ	고르다	3級	17
演技	연기	3級	10

お			
お会いできてうれしいです	만나서 반갑습니다	5級	1
美味しい	맛있다	5級	7
多い	많다	5級	5
大きい	크다	5級	2
多く，たくさん	많이	5級	12
お母様	어머님	4級	7
お金	돈	5級	10
起きる	일어나다	5級	9
億	억	3級	3
置く	놓다	5級	10
送る，過ごす	보내다	5級	5
遅れる	늦다	5級	9
お言葉，お話	말씀	4級	7
幼い	어리다	4級	12
お爺さん	할아버지	5級	8
教える	가르치다	5級	8
おじさん	아저씨	5級	20
押す	누르다	3級	17
遅い	느리다	4級	12
遅く	늦게	4級	6
お宅	댁	4級	7
落ちる	떨어지다	4級	10
夫	남편	5級	17
お父様	아버님	4級	7
弟	남동생	4級	1
弟，妹	동생	5級	5
お歳	연세	4級	7
大人	어른	4級	17

踊り　춤　3級　18
お腹，船，梨　배　5級　5
お亡くなりになる　돌아가시다　5級　7
同じだ　같다　5級　13
お名前　성함　4級　7
お願いする　부탁드리다　4級　9
お願い，頼み　부탁　5級　9
お婆さん　할머니　5級　8
おばさん　아주머니　5級　20
おばさん　아줌마　3級　20
お前　니　2級　12
お前，君　너　準2級　12
お前が，君が　네가　準2級　12
お前の，君の　네　準2級　12
思い出す　생각나다　4級　11
思う　생각하다　5級　20
面白い　재미있다　5級　2
面白くない　재미없다　5級　10
思ったより　생각보다　2級　16
及び，ならびに　및　3級　20
降りる，降る　내리다　5級　7
終わる　끝나다　5級　6
音楽　음악　5級　1
温泉　온천　準2級　15

か

が　가 / 이　5級　3
が（尊敬形）　께서　4級　7
回　번　5級　4
階　층　5級　3
海外　해외　4級　16
会議　회의　3級　10
会議室　회의실　3級　19
会議中　회의중　3級　10
会社　회사　5級　2
会社員　회사원　5級　1
外出する　외출하다　準2級　15
買う　사다　5級　2
飼う，伸ばす　기르다　3級　17
カウンター　카운터　4級　15
帰っていく　돌아가다　4級　8
帰ってくる　돌아오다　4級　8
替える　바꾸다　4級　15
顔　얼굴　5級　10
顔色　안색　準2級　11
顔色　얼굴색　4級　11
価格　가격　3級　9
かかる，掛かる　걸리다　5級　4
書き記す　적다　3級　20
書く，使う，苦い　쓰다　5級　15
学院，塾　학원　準2級　12
学生　학생　5級　2
確認　확인　3級　12
確認する　확인하다　3級　12
隠れる，潜む　숨다　3級　20
カ月　개월　4級　16
かける　걸다　5級　13
歌手　가수　4級　10
風邪　감기　5級　11
数える　세다　4級　5
家族　가족　5級　1
肩　어깨　4級　16
方　분　5級　4
課長　과장　3級　13
月　월　5級　3
担ぐ　메다　準2級　5
学校　학교　5級　1
買ってくる　사오다　4級　12
悲しい　슬프다　4級　10
必ず　꼭　4級　8
必ず，絶対に　반드시　4級　15
可能だ　가능하다　4級　15
彼女，女友達　여자친구　4級　11
彼女，女友達　여친　4級　11
カバン　가방　5級　3
科目　과목　準2級　9
通う　다니다　5級　10
火曜日　화요일　5級　4
から（時間）　부터　5級　4
から（場所）　에서　5級　4
から（人，動物）　에게서　4級　6
から（人，動物）　한테서　4級　6
辛い　맵다　4級　2
カラオケ　노래방　4級　4
体，身体　몸　5級　15
借りる　빌리다　4級　9
軽い　가볍다　4級　16
カレー　카레　準2級　13
彼氏，男友達　남자친구　4級　11
彼氏，男友達　남친　4級　11
可愛い　귀엽다　3級　2
代わり　대신　4級　14
変わる　바뀌다　3級　11
眼科　안과　2級　18
観光　관광　3級　19
韓国　한국　5級　1
韓国語　한국어　5級　2
韓国語　한국말　5級　16
韓国人　한국 사람　5級　1
感謝する　감사하다　5級　2
完全に　완전히　3級　16
簡単だ，たやすい　쉽다　5級　9
頑張る，元気を出す　힘내다　4級　11
管理　관리　3級　18

き

黄色　노란색　3級　20
黄色い　노랗다　3級　20
聞く　듣다　4級　2
危険だ，危ない　위험하다　3級　17
聞こえる　들리다　5級　19
汽車　기차　5級　5
季節　계절　3級　5
期待　기대　3級　14
昨日　어제　5級　5
気分　기분　5級　11
気分転換　기분전환　2級　11
キムチ　김치　5級　9
決める，定める　정하다　4級　12
疑問　의문　3級　7
客　손님　5級　4
救急車　구급차　3級　20
休日　휴일　4級　9
急に，突然　갑자기　4級　14
牛乳　우유　5級　3
今日　오늘　5級　4
教師　교사　5級　1
教室　교실　5級　2
兄弟　형제　4級　7
去年　작년　5級　5
嫌いだ，いやだ　싫다　5級　18
嫌いだ，いやだ　싫어하다　5級　4
切る　자르다　3級　17
着る　입다　5級　10
きれいだ　예쁘다　4級　9
気を付ける　조심하다　準2級　18
禁煙　금연　準2級　17
銀行　은행　5級　2
勤務する　근무하다　準2級　10
金曜日　금요일　5級　4

く

空港　공항　5級　7
偶然　우연히　準2級　17
挫く，捻挫する　삐다　準2級　18
薬，約　약　5級　15
果物　과일　5級　4
口　입　5級　16
靴，履物　신발　5級　13
靴下　양말　5級　17
首，喉　목　5級　15
曇る　흐리다　4級　18
暗い　어둡다　4級　18
クリスマス　크리스마스　準2級　13
来る　오다　5級　5
車，お茶　차　5級　5
黒い　까맣다　3級　20

け

計画　계획　4級　19
景気　경기　準2級　18
警察　경찰　3級　20
ゲーム　게임　4級　1
外科　외과　準2級　18

怪我する　다치다　4級　18
劇場　극장　4級　3
化粧品　화장품　3級　6
消す　끄다　4級　15
結婚式　결혼식　3級　17
結婚する　결혼하다　5級　8
月曜日　월요일　5級　4
下痢する　설사하다　準2級　18
喧嘩する　싸우다　4級　9
現金　현금　3級　13
健康　건강　3級　18
見物　구경　3級　17

こ

個　개　5級　4
子犬　강아지　準2級　17
恋人　애인　3級　11
公園　공원　4級　9
合格する　합격하다　3級　12
高校生　고등학생　5級　3
号室　호실　3級　15
こうだ　이렇다　3級　20
紅茶　홍차　4級　10
交通　교통　3級　18
交通事故　교통사고　3級　18
後輩　후배　3級　5
購買　구매　2級　20
幸福だ　행복하다　3級　10
公務員　공무원　3級　6
越える　넘다　4級　16
コーヒー　커피　5級　2
コーヒーショップ　커피숍　4級　10
コーラ　콜라　4級　10
故郷，出身　고향　4級　1
国語　국어　準2級　5
ここ　여기　5級　3
午後　오후　5級　4
心，気　마음　5級　9
腰　허리　5級　16
午前　오전　5級　4
こちら　이쪽　4級　3
こと，もの　것　5級　10
今年　올해　5級　5
言葉，話　말　5級　7
子供　아이　5級　10
子供　애　5級　10
この　이　5級　3
ご飯　밥　5級　2
ゴミ　쓰레기　3級　10
混む，塞がる　막히다　3級　12
ご両親　부모님　4級　3
これ　이거　5級　6
これ　이것　5級　3
これが　이게　5級　6
これから　앞으로　4級　8
これは　이건　5級　6
これを　이걸　5級　6
怖い，恐ろしい　무섭다　3級　16
今回，今度　이번　5級　8
今月　이번 달　5級　5
コンサート　콘서트　4級　5
今週　이번 주　5級　5
こんな　이런　4級　20
こんなに　이렇게　4級　20
こんにちは　안녕　5級　1
こんにちは　안녕하세요　5級　1
コンビニ　편의점　4級　2

さ

さあ，そうですね　글쎄요　4級　13
歳　살　5級　4
最近　최근　3級　11
最後　마지막　4級　10
最後に　마지막으로　4級　10
サイズ　사이즈　1級　13
財布　지갑　4級　8
探す，下ろす　찾다　5級　8
詐欺　사기　準2級　20
先に　먼저　5級　8
咲く，吸う　피다　4級　16
作成　작성　準2級　19
酒　술　5級　8
座席　좌석　準2級　19
させる，注文する　시키다　5級　12
冊　권　5級　4
サッカー　축구　5級　1
悟る　깨닫다　3級　19
寂しい　외롭다　準2級　18
様　님　4級　7
寒い　춥다　5級　2
冷める　식다　3級　10
去る　떠나다　4級　20
騒ぐ　떠들다　準2級　15
触る　만지다　3級　17
さん　씨　5級　1
参加する　참가하다　3級　17
産婦人科　산부인과　2級　18

し

時　시　5級　4
しか　밖에　4級　8
歯科　치과　準2級　18
しかし　하지만　5級　4
時間　시간　5級　3
試験　시험　5級　6
事故　사고　3級　18
自己，自分　자기　5級　13
仕事，こと，用事　일　5級　2
事実　사실　4級　17
辞書　사전　4級　19
静かだ　조용하다　3級　11
下　아래　5級　3
従う　따르다　3級　17
次長　차장　3級　13
実は　실은　準2級　11
自転車　자전거　4級　5
品物　물건　4級　9
死ぬ　죽다　4級　7
支払う　지불하다　準2級　15
しばらく　잠시　4級　9
しばらく，ちょっと　잠깐　4級　13
事務員　사무원　3級　13
閉める　닫다　5級　9
社員　사원　3級　13
写真　사진　5級　2
社長　사장　4級　7
シャンプー　샴푸　準2級　17
ジュース　주스　5級　10
十分に　충분히　3級　20
週末　주말　5級　2
重要だ　중요하다　4級　10
授業　수업　5級　4
授業中　수업중　4級　15
宿泊　숙박　準2級　15
宿泊する　숙박하다　準2級　15
手術する　수술하다　3級　18
出勤する　출근하다　3級　10
出発　출발　4級　7
出発する　출발하다　4級　7
主任　주임　2級　13
主婦　주부　4級　13
趣味　취미　5級　1
準備する　준비하다　4級　8
使用　사용　3級　15
使用する　사용하다　3級　15
紹介する　소개하다　4級　9
症状　증상　準2級　18
生じる，出来る　생기다　4級　14
上手だ　잘하다　5級　5
焼酎　소주　準2級　10
衝動　충동　2級　20
小児科　소아과　2級　18
常務　상무　準2級　13
職員　직원　3級　17
職業　직업　4級　6
食事　식사　5級　8
食堂　식당　5級　2
ショッピング　쇼핑　4級　5
書類　서류　準2級　20
知らせる　알리다　4級　11
尻　엉덩이　準2級　16
白い　하얗다　3級　20
白色　하얀색　3級　20
信号　신호　4級　20

人口	인구	3級	9
進行する	진행하다	3級	20
申告する, 届ける	신고하다	準2級	20
信じる	믿다	4級	12
新製品	신제품	3級	16
新入生	신입생	2級	13
新聞	신문	5級	12

す

水泳	수영	準2級	1
水曜日	수요일	5級	4
吸う (タバコ)	피우다	4級	8
数学	수학	準2級	4
スカート	치마	5級	17
好きだ	좋아하다	5級	4
過ぎる	지나다	5級	16
空く (お腹)	고프다	5級	13
すぐに, まさに	바로	5級	6
少し	조금	4級	8
涼しい	시원하다	3級	10
すでに, とうに	이미	3級	16
捨てる	버리다	4級	14
すべて, みな	모두	5級	10
スポーツ	스포츠	5級	4
ズボン	바지	5級	17
すみません	여기요	5級	9
すみません	죄송합니다	5級	3
住む, 生きる	살다	5級	2
すり	소매치기	準2級	20
する	하다	5級	2
座る	앉다	5級	5

せ

背	키	5級	6
性格	성격	3級	6
生活	생활	4級	15
税関申告書	세관신고서	準2級	19
清潔だ, きれいだ	깨끗하다	3級	16
成績	성적	3級	17
整理	정리	3級	12
整理する	정리하다	3級	12
せき	기침	準2級	18
席	자리	5級	11
説明	설명	4級	11
説明する	설명하다	4級	11
狭い	좁다	4級	19
ゼロ / 零	공	5級	3
ゼロ / 零	영	5級	3
千	천	5級	3
線	선	4級	18
前	전	4級	11
先月	지난달	5級	5
専攻	전공	3級	1
先週	지난주	5級	5
先生	선생님	5級	3
全然, 全く	전혀	4級	7
洗濯	빨래	3級	6
センチ	센티	3級	17
先輩	선배	3級	5
全部, 全て	전부	3級	9
専務	전무	1級	13
専門家	전문가	3級	19

そ

掃除	청소	3級	6
掃除する	청소하다	3級	4
そうだ	그렇다	3級	20
そうですか	그래요	5級	7
そうですよ	그럼요	3級	16
そこ	거기	5級	3
そして	그리고	5級	8
そちら	그쪽	4級	3
卒業	졸업	4級	8
卒業する	졸업하다	4級	13
外	밖	5級	3
その	그	5級	3
それ	그거	5級	6
それ	그것	5級	3
それが	그게	5級	6
それで	그래서	5級	5
それでは	그러면	5級	3
それなら, では	그럼	4級	6
それは	그건	5級	6
それを	그걸	5級	6
そんな	그런	4級	20
そんなに	그렇게	4級	4

た

台	대	4級	4
ダイエット	다이어트	準2級	13
大学生	대학생	5級	1
大学	대학교	5級	1
大丈夫だ	괜찮다	5級	6
大体	대체로	3級	16
体調を崩す, 寒気がする	몸살이 나다	準2級	18
大変だ, 困難だ	힘들다	4級	11
代理	대리	準2級	13
倒れる	쓰러지다	3級	17
高い	높다	5級	5
高い (値段)	비싸다	5級	5
互いに	서로	4級	19
タクシー	택시	5級	5
だけ	만	5級	9
尋ねる	묻다	4級	7
ただ	그냥	4級	12
たち, ども	들	4級	10
立つ	서다	4級	5
建物	건물	4級	10
立てる, 建てる, 止める	세우다	5級	9
楽しい	즐겁다	3級	15
頼む, お願いする	부탁하다	5級	7
タバコ	담배	4級	8
食べ物	음식	5級	12
食べる	먹다	5級	2
多分	아마	4級	3
誰	누구	5級	3
誰が	누가	5級	7
誰も	아무도	4級	13
誕生日	생일	5級	3
ダンス	댄스	準2級	1
段々	점점	3級	18

ち

血	피	4級	18
小さい	작다	5級	9
チェックアウト	체크아웃	2級	15
チェックイン	체크인	2級	15
近い	가깝다	5級	16
違う, 異なる	다르다	4級	17
近く	근처	4級	3
近頃, 最近	요즘	4級	9
地下鉄	지하철	5級	5
力	힘	4級	11
チケット	티켓	4級	3
遅刻	지각	4級	17
父	아버지	5級	5
注意	주의	4級	18
注意する	주의하다	4級	18
中学生	중학생	3級	11
中国語	중국어	5級	5
ちょっと, すこし	좀	5級	7
全州 (地名)	전주		14

つ

通路	통로	3級	19
つかむ, 握る	잡다	5級	12
疲れる	피곤하다	4級	12
疲れる, くたびれる	지치다	3級	18
点ける	켜다	4級	5
月, ～カ月	달	5級	4
次, 後	다음	5級	14
付き合う	사귀다	3級	8
机	책상	5級	3
作る	만들다	5級	2
作る, 炊く	짓다	4級	18
妻	아내	5級	10
冷たい	차갑다	3級	10

て

手	손	5級	5

で(場所)	에서	5級	2
で(道具, 手段)	로 / 으로	5級	5
提出	제출	準2級	19
程度	정도	4級	3
手紙	편지	5級	8
デザイン	디자인	準2級	9
です	예요 / 이에요	5級	5
です	입니다	5級	1
ですか	입니까	5級	1
手伝う, 助ける	돕다	3級	16
出てくる	나오다	5級	19
デパート	백화점	4級	2
ではない	아니다	5級	3
でも	라도 / 이라도	4級	11
出る	나다	5級	18
店員	점원	準2級	9
天気	날씨	5級	7
電車	전철	5級	5
電話	전화	5級	7
電話する	전화하다	5級	11
電話番号	전화번호	4級	7

と

と	와 / 과	5級	3
と(話し言葉)	하고	5級	3
と, とか(助詞)	랑 / 이랑	3級	12
当日	당일	3級	19
どうだ	어떻다	3級	4
到着する	도착하다	4級	8
どうですか	어때요	5級	12
盗難	도난	準2級	20
どうやって, どのように	어떻게	5級	5
遠い	멀다	5級	9
時	때	4級	5
時々	가끔	4級	7
時々	종종	準2級	7
読書	독서	4級	1
特に, 特別に	특별히	3級	13
時計	시계	5級	3
どこ	어느 곳	4級	3
どこ	어디	5級	1
どこで	어디서	5級	7
ところ	곳	4級	3
ところで, ところが	그런데	5級	5
年, 年齢	나이	5級	7
図書館	도서관	5級	2
どちら	어느 쪽	5級	3
とても	매우	4級	4
とても, あまりにも	너무	5級	11
とても, かなり	굉장히	3級	11
どの	어느	5級	3
どのくらい	얼마나	4級	4
止まる	멈추다	3級	12
泊まる	묵다	3級	15
と申します	라고 / 이라고 합니다	5級	1
友達	친구	5級	1
土曜日	토요일	5級	4
ドライブ	드라이브	準2級	11
取る(免許)	따다	3級	12
撮る	찍다	5級	7
どれ	어느 거	5級	6
どれ	어느 것	5級	3
どれが	어느 게	5級	6
どれは	어느 건	5級	6
どれを	어느 걸	5級	6
泥棒	도둑	準2級	20
どんな	어떤	5級	7

な

ない, いない	없다	5級	2
内科	내과	準2級	18
治る	낫다	4級	15
仲	사이	4級	10
中	안	5級	3
流れる	흐르다	4級	17
泣く	울다	5級	10
無くしてしまう	잃어버리다	4級	14
なくなる	없어지다	4級	11
なぜですか	왜요?	5級	4
夏	여름	5級	5
何	무엇	5級	1
名前	이름	5級	1
怠ける	게으르다	準2級	17
習う	배우다	5級	2
なる	되다	4級	5
何階	몇 층	5級	3
何月	몇 월	4級	3
何個	몇 개	5級	3
何時	몇 시	5級	4
何日	며칠	4級	3
何日間	며칠간	4級	19
南大門(地名)	남대문		20
何人	몇 사람	4級	8
何年	몇 년	5級	3
何の	무슨	5級	2
何分	몇 분	5級	4
何枚	몇 장	5級	3

に

に(位置)	에	5級	2
に(時間)	에	5級	4
に(人, 動物)	에게	5級	6
に(人, 動物)	한테	5級	6
に(尊敬形)	께	4級	7
に(方向)	에	5級	4
似合う	어울리다	4級	20
苦い	쓰다	3級	10
肉	고기	5級	9
肉, 肌	살	3級	13
日	일	5級	3
日曜日	일요일	5級	4
日記	일기	3級	15
二度と	두 번 다시	4級	20
日本	일본	5級	1
日本人	일본 사람	5級	1
荷物	짐	3級	19
入学する	입학하다	4級	13
入国	입국	準2級	19
似る	닮다	3級	10
人気	인기	4級	9
人形	인형	準2級	10

ぬ

脱ぐ	벗다	5級	17
ぬるい	미지근하다	準2級	10
濡れる, 混ぜる	젖다	3級	17

ね

ねぎ	파	4級	17
ネクタイ	넥타이	準2級	6
猫	고양이	5級	17
熱	열	5級	18
値引く, 削る	깎다	4級	9
寝る	자다	5級	4
寝ること, 睡眠	잠	4級	11
年	년	5級	3
年生	학년	4級	3

の

残す	남기다	4級	20
残る	남다	3級	10
載せる	싣다	3級	19
飲む	마시다	5級	2
乗る	타다	5級	5

は

は	는 / 은	5級	1
歯	이	5級	17
は(尊敬形)	께서는	4級	7
場合	경우	4級	12
パーティー	파티	3級	17
はい	네, 예	5級	1
杯	잔	4級	4
入っていく	들어가다	4級	8
入ってくる	들어오다	4級	8
俳優	배우	準2級	10
はいる	들다	4級	9
泊	박	3級	19
履く	신다	5級	5
初めて	처음	5級	1
初めまして	처음 뵙겠습니다	5級	1

始める	시작하다	5級	7
場所	장소	3級	6
走る	달리다	4級	10
バス	버스	5級	5
恥ずかしい	부끄럽다	3級	12
恥ずかしい	창피하다	準2級	12
パスポート	여권	3級	19
パソコン	컴퓨터	5級	20
働く	일하다	5級	5
発音	발음	4級	9
発見	발견	3級	20
発見される	발견되다	3級	20
花	꽃	5級	6
鼻	코	5級	16
話	이야기	5級	6
話す	말하다	5級	9
話す	이야기하다	5級	13
鼻水	콧물	4級	18
母	어머니	5級	7
パパ	아빠	4級	8
早い	빠르다	4級	12
早く	빨리	5級	5
早く	일찍	4級	14
春	봄	5級	5
腫れる，注ぐ	붓다	準2級	18
パン	빵	5級	3
ハンサムだ	잘생기다	3級	10
反対する	반대하다	3級	18
犯人	범인	準2級	20

ひ

日	날	4級	5
ビール	맥주	4級	10
匹	마리	5級	4
低い	낮다	5級	10
飛行機	비행기	5級	5
膝	무릎	4級	16
秘書	비서	準2級	20
左側	왼쪽	4級	3
日付	날짜	4級	4
ひったくり	날치기	2級	20
人	사람	5級	3
一人，一人で	혼자（서）	4級	12
泌尿器科	비뇨기과	2級	18
ビビンバ	비빔밥	5級	7
皮膚科	피부과	2級	18
暇だ	한가하다	準2級	12
秘密	비밀	3級	13
百	백	5級	3
秒	초	4級	3
票，券，切符	표	4級	3
病院	병원	5級	2
病気	병	5級	19
昼，昼ご飯	점심	4級	8
広い	넓다	4級	10
拾う	줍다	準2級	20
広げる	펴다	4級	5
瓶	병	5級	4
頻度	빈도	2級	7

ふ

服	옷	5級	10
副社長	부사장	準2級	13
不足する	부족하다	3級	14
再び	다시	5級	11
二人，二人で	둘이（서）	4級	12
普段	보통	4級	2
部長	부장	3級	7
物価	물가	準2級	18
太る	살찌다	準2級	13
部分	부분	3級	17
不便だ	불편하다	3級	13
冬	겨울	5級	5
振る，かき混ぜる	젓다	準2級	18
プレゼント	선물	5級	6
分	분	5級	3
雰囲気	분위기	3級	18
紛失する	분실하다	2級	20
文法	문법	3級	16

へ

へ（方向）	로／으로	5級	13
平日	평일	準2級	9
平素	평소	準2級	16
海雲台（地名）	해운대		11
へそ	배꼽	準2級	16
下手だ	못하다	5級	5
ベット	침대	3級	12
別に，さほど	별로	3級	10
部屋	방	5級	10
勉強する	공부하다	5級	2
弁護士	변호사	準2級	7

ほ

ほう	편	4級	16
方	쪽	5級	3
報告する	보고하다	準2級	19
帽子	모자	4級	17
包装する	포장하다	準2級	9
方法	방법	4級	18
ぼったくり	바가지	2級	20
ほとんど	거의	4級	7
本	책	5級	2
本当	정말	5級	6
ほんとう，本物	진짜	4級	14
本当に	정말로	4級	9
本当に，非常に	참	4級	16
本人	본인	準2級	20

ま

枚	장	5級	4
毎日	매일	5級	4
前	앞	5級	3
前髪	앞머리	5級	17
まず，最初に	우선	4級	20
不味い	맛없다	5級	10
また	또	5級	11
まだ	아직	4級	8
まだまだだ	아직 멀다	3級	10
待つ	기다리다	5級	4
マッコリ	막걸리	準2級	10
まっすぐ	쭉	準2級	19
まっすぐに	곧바로	準2級	19
まっすぐに	똑바로	準2級	19
まで	까지	5級	4
窓	창문	4級	15
窓側	창가	2級	19
ママ	엄마	4級	8
守る	지키다	4級	8
万	만	5級	3
真ん中	가운데	4級	3

み

見える，見せる	보이다	4級	5
磨く	닦다	4級	17
右側	오른쪽	4級	3
短い	짧다	5級	10
水	물	5級	2
店	가게	5級	10
みたい，よう	처럼	4級	10
道	길	5級	7
皆さん，皆様	여러분	4級	10
身分証	신분증	準2級	20
耳	귀	5級	16
見る	보다	5級	2

む

昔	옛날	4級	16
難しい	어렵다	5級	4
結ぶ	매다	4級	5
結ぶ，繋ぐ	잇다	3級	18
娘	딸	5級	10
胸	가슴	5級	16

め

目，雪	눈	5級	12
名	명	5級	4
メール	메일	5級	14
眼鏡	안경	5級	17
召し上がる	드시다	4級	7
召し上がる	잡수시다	4級	7
免許	면허	準2級	12
面接	면접	準2級	17

も			
も	도	5級	1
もう，すでに	벌써	4級	11
もう少し	조금 더	4級	10
木曜日	목요일	5級	4
もしかして	혹시	4級	2
もしもし	여보세요	5級	2
勿論	물론	3級	16
持つ	가지다	5級	10
もっと，さらに	더	5級	12
貰う	받다	5級	6
門，ドア	문	5級	9

や			
野球	야구	5級	1
役員	임원	1級	13
約束	약속	4級	3
安い	싸다	5級	9
休み	방학	4級	5
休みになる	주무시다	4級	7
休む	쉬다	4級	12
痩せる	살빠지다	準2級	15
破れる	깨지다	2級	19
破れる	찢어지다	準2級	20
山	산	5級	10
やめる	그만두다	3級	17
やめる	끊다	4級	8
やられる	당하다	3級	20

ゆ			
夕方，夕飯	저녁	5級	6
郵便局	우체국	5級	2
有名だ	유명하다	3級	10
ゆっくり	천천히	5級	15
許す，容赦する	용서하다	準2級	18

よ			
酔う（乗り物）	멀미하다	準2級	12
曜日	요일	5級	4
よく，上手に	잘	5級	9
よく，頻繁に	자주	4級	2
横	옆	5級	3
予定	예정	4級	12
呼ぶ，歌う，いっぱいだ	부르다	4級	17
読む	읽다	5級	2
予約	예약	準2級	15
予約する	예약하다	準2級	15
より	보다	5級	5

ら			
ラーメン	라면	4級	6
来月	다음 달	5級	5
来週	다음 주	5級	5
来年	내년	5級	5
楽だ，便利だ	편하다	4級	13
ラジオ	라디오	4級	20

り			
離婚する	이혼하다	2級	16
理事	이사	準2級	13
理由	이유	4級	11
留学	유학	4級	11
留学する	유학하다	4級	11
流行する	유행하다	3級	10
両親	부모	4級	7
料理	요리	5級	2
旅行	여행	5級	4
リンゴ	사과	5級	4

れ			
練習	연습	4級	11
練習する	연습하다	4級	11
連絡	연락	4級	6
連絡する	연락하다	4級	11

わ			
ワイン	와인	準2級	10
我が家	우리집	5級	8
分からない，知らない	모르다	5級	15
分かりました	알겠습니다	5級	2
分かる，知る	알다	5級	7
別れる	헤어지다	3級	11
分ける	나누다	4級	5
忘れる	잊다	5級	15
忘れる	잊어버리다	4級	19
私	나 / 저	5級	1
私たち，我々	우리	5級	1
私ども	저희	5級	12
私の	내	5級	3
私の	제	5級	3
渡る	건너다	3級	5
笑う	웃다	5級	10
悪い	나쁘다	5級	9

を			
を	를 / 을	5級	2

河　正一（ハ　ジョンイル, 하정일）

大阪公立大学　国際基幹教育機構　准教授
日本韓国研究会　会長（2024年1月現在）

ワンステップ韓国語
―文字からはじめて中級をめざすあなたへ―

検印省略

© 2022 年 1 月 30 日　初版発行
2024 年 1 月 30 日　第 2 刷発行

著者　河　正一

発行者　原　雅久
発行所　株式会社　朝日出版社
101-0065　東京都千代田区西神田 3-3-5
電話　03-3239-0271/72
振替口座　00140-2-46008
http://www.asahipress.com/

組版，デザイン／（株）剛一　印刷／図書印刷

乱丁，落丁本はお取り替えいたします。
ISBN978-4-255-55689-5 C1087